Für meine Schwester, die mir als
echter Zwilling alles Wissen dieser
Welt brachte, auch die Astrologie

Gele Alsterdorf

Lernplan Leben

Solarziel und Tierkreis

URANIA BLAUE REIHE 20

1. Auflage 1988
1. bis 5. Tausend

ISBN 3-908644-02-X

Urania Verlags AG, CH-8212 Neuhausen
Gesamtherstellung: Schneelöwe, Durach

Printed in Germany

INHALT

Vorwort

Dieses Buch handelt nicht von Solaren, sondern vom Gesetz der Solarziele.

Wer sich irgendwann einmal mit Jahreshoroskopen, den sogenannten Solaren, beschäftigt hat, weiß, wie deutungsunsicher dieses Kapitel der Astrologie ist. Trotzdem versucht man sich immer wieder an diesen Jahresorakeln, besonders in Phasen des Herumirrens. Mir geht es nicht anders.

Da ich aber die Entscheidung traf, als *Steinbock* zu inkarnieren, begnügte ich mich nicht mit einem oder zwei Solaren. Ich errechnete mir, und das zu Fuß, 51 (einundfünfzig) Solare.

Dabei verdanke ich diese Begrenzung nur dem Umstand, daß mir die weiteren Ephemeriden fehlten.

Aus arbeitstechnischen Gründen (Saturn in der Jungfrau) zeichnete ich zuerst alle Solarkreuze auf Papier und es war passiert: Vor mir breitete sich eine einfache, klare, rhythmische Gesetzmäßigkeit der Jahresziele (Solar-MC, MC = medium coeli = Himmelsmitte) aus, die mich unweigerlich an einen Stundenplan erinnerte, einen LERNPLAN mit wechselnden Fächern, diese aber in einer geordneten, sich wiederholenden Abfolge.

Sollte hier ein kosmischer Stundenplan verborgen sein?

Meine Neugierde war geweckt. Ich machte mich auf den Weg und war erstaunt über das, was sich mir zeigte. Im Studium der Rückschau und des gegenwärtigen Lebens entwickelte ich zunehmend ein intensives Gefühl für meine Entwicklung und für das, was nicht meine Entwicklung war.

Das Wissen, eingebettet zu sein in die Zeit, sich mit ihr, in ihr und durch sie zu entfalten, machte mich gelassener. Ich konnte loslassen, geschehen lassen, mich von der Zeit tragen lassen. Ich brauchte nicht dauernd etwas zu tun oder einzugreifen.

Das Wissen, daß alles seine Zeit hat, daß jedes Thema stets wiederholt wird, nahm mir die Angst, etwas zu übersehen, aber auch die anmaßende Erwartung, daß endlich etwas Besonderes geschehen müßte.

Diese persönliche Schilderung mag dem Leser meine Begeisterung vermitteln. Sie entspricht astrologisch betrachtet dem Feueranteil dieser Angelegenheit. Der polar dazugehörende Luftanteil eben dieser Angelegenheit ist das eigentliche Thema dieses Buches. Hierin liegt auch der Grund, warum nach dieser anfänglichen Begeisterung im folgenden so oft von Lernen gesprochen wird, von Lernplänen, Lernphasen, Lern- ...

Lernen ist Erkennen. Erkennen ist astrologisch dem Element Luft zugeordnet. Wem nach so viel Lernen die Luft wegbleibt, der möge eben leben!

Es ist egal, was wir tun. Leben und Lernen sind dasselbe. Im Tierkreis ist Feuer (Leben) die Polarität von Luft und Luft die Polarität von Feuer. Immer schwingt das eine, das wir wählen, gesetzmäßig ins andere über.

Da wir aber alle leben wollen, ist es aus dieser Sicht recht schlau, intensiv mit Lernen zu beginnen.

KAPITEL 1
Das Solar oder Jahreshoroskop

Definition

Das Solar ist ein Geburtstagshoroskop. Jedes Jahr steht die Sonne einmal sekundengenau an der Stelle im Tierkreis, an der sie schon im Geburtshoroskop, dem sogenannten Radix, stand.

Zu dieser Geburtstagsposition der Sonne läßt sich eine exakte Zeit berechnen, die genaugenommen dem astrologischen Geburtstag entspricht. Dieser kann auf das bekannte Datum fallen, oder auf einen Tag davor oder einen Tag danach. Wurde zum Beispiel jemand am 23. Februar abends um 22.20 Uhr geboren, so hat er ganz sicherlich seinen Solargeburtstag sehr oft am 24. Februar. Wäre dieselbe Person am Morgen oder in der frühen Nacht geboren, so fiele der Solargeburtstag häufig auf den Tag davor, also den 22. Februar.

Durch die Schaltjahre wechselt auch eine exakte Mittagsgeburt, wie z. B. Goethe, zumindest alle vier Jahre das Datum im Solar.

Nun ist das Datum der jährlichen Sonnenwiederkehr nur dann von Bedeutung, wenn Sie astrologisch termingerecht anstoßen wollen. Für unsere Betrachtung ist das auf die jährliche Sonnenwiederkehr erstellte Horoskop wichtig.

Man verfährt wie beim Berechnen eines Geburtshoroskops, nur rückwärts: Aus dem Radix ist nämlich zuerst der Stand der Sonne bekannt. Zu diesem ermittelt man eben rückwärts das zugehörende Datum und die Zeit. Aus diesen Solardaten wird das Solarhoroskop für den jeweiligen momentanen Aufenthaltsort berechnet.

Natürlich kann man ein Solarcomputerprogramm benutzen. Da uns hier nur das Solar-MC interessiert, dieses aber möglichst für 10 bis 20 Jahre (am besten 10 Jahre zurück und 10 Jahre im voraus), ist der Einsatz dieser Computerprogramme meist zu zeitaufwendig.

Wer nur seine Solar-MC's wissen möchte, findet im Anhang eine Serviceadresse dafür.

Gültigkeit

Ein Jahreshoroskop ist ein Unterhoroskop des Radix für die Dauer eines Lebensjahres. Wurde beispielsweise ein Solar auf den 40. Geburtstag erstellt, so beginnt dieses exakt am 40. Geburtstag und endet ein Jahr später am 41. Geburtstag, abgelöst von einem neuen Jahreshoroskop. Das gilt theoretisch und für einen Menschen, der „absolut drauf" ist. Damit meine ich einen Menschen, der sein Leben im Führen und Geführtwerden so optimal ausrichtet, wie ein Surfer, der den idealen Punkt auf dem Kamm der Welle erwischt und weit, weit getragen wird. Jeder von uns kann so etwas vorübergehend erleben. Manche behaupten, sie lebten nur so.

Die Welle jedenfalls erwischt den Surfer immer. Aber er hat ja eine neue Chance.

Die Gültigkeit eines Solars für noch nicht ausbalancierte Menschen verschiebt sich bis zu maximal sechs Monaten in beide Zeitrichtungen. Das ist eine allgemeingültige Regel, die ich aus meiner Erfahrung bestätigen kann.

Meine Beobachtungen ergeben aber, daß es sich bei einer sechsmonatigen Verschiebung um einen besonders querulanten Menschen handelt: Ich selber erinnere mich, daß ich einmal partout keine Lust hatte, mein neues Jahresziel überhaupt zur Kenntnis zu nehmen. Mir gefiel das alte so gut (es war dasselbe wie im Radix!), daß ich es schlicht übertrug. Nach drei Monaten begannen die Wehen. Ich wollte nicht. Nach sechs Monaten mußte ich erschöpft loslassen. Es ging mir sofort besser.

Meine Beobachtungen beziehen sich in erster Linie auf das Solarkreuz. Ich habe für mich selber im Laufe der Jahre ein Gespür für Tierkreisqualitäten entwickelt. Ich registriere die Qualität meines aktuellen Verhaltens (Solaraszendent) und die Qualität meines aktuellen Themas (Solar-MC). Daraus hat sich folgende Gültigkeitsregel ergeben: Der *Solaraszendent* macht sich als vorrangiges Verhalten genau drei Monate *vor* dem Geburtstag erstmals bemerkbar. Am Geburtstag selber, dem theoretischen Beginn des neuen Solars, ist diese „Rolle für ein Jahr" voll ausgeprägt vorhanden, spürbar und sichtbar. Es ist schließlich ein Aszendent. Neun Monate später, also drei Monate vor dem nächsten Solar, nimmt das aktuelle Verhalten in dem Maße ab, wie es vom nächsten Solaraszendenten bereits überlagert wird ... (usw.)

Der Solaraszendent kann sehr gut beobachtet werden, da ein Aszendent eben sehr körperlich und sehr spontan ist. Wenn Ihnen als Solaraszendent für ein Jahr eine Löwequalität über Ihren Radixaszendenten gestülpt wird, werden Sie spätestens zum Geburtstag selber eine grandiosere äußere Verpackung anstreben: Als Frau endlich Hüte tragen wollen, als Mann vielleicht Schuhe mit höheren Absätzen ... Vielleicht zeigt Ihr Verhalten schon stärker transformierte Züge, und Sie wagen endlich den Auftritt, der Ihnen zusteht, zeigen eine angstfreie, selbstverständliche Individualität nach außen, die Ihrer inneren Kreativität und Einzigartigkeit entspricht und deshalb auch von anderen angenommen wird.

Verfolgen wir das Beispiel weiter. Sie hatten aber im Grundhoroskop keinen Löwe-, sondern einen Jungfrauaszendenten. Sie spüren trotzdem diesen Drang nach Glanz im Verhalten und geben dem etwas zerrissen nach (besonders in der Zeit direkt um Ihren Geburtstag). Sehr schnell wird Ihnen der Aufwand lästig. Mit einem Jungfrauaszendenten gibt man sich nun einmal grundsätzlich vernünftig. Die neue Frisur ist zum Glück langsam herausgewachsen, das neue Kleid sowieso zu eng. Haben Sie einen Fischeaszendenten im Radix, dann fällt oben beschriebener Glanz noch bescheidener aus, vielleicht nur als Sehnsucht danach, oder Sie träumen sich an die Stelle anderer löwebetonter Menschen, die Sie heimlich bewundern.

Das *Solar-MC* gibt das Jahresziel, das Jahresthema an. Es drängt sich zum erstenmal genau drei Monate *nach* dem Geburtstag ins „Jahresbewußtsein“, obwohl es seit dem Geburtstag still vorhanden ist und wie ein artiges Baby in der Wiege döst. Nach drei Monaten schreit es sozusagen das erstemal, will gesäugt werden und verlangt kategorisch, daß das viel zu fett gewordene Solar-MC des letzten Jahres endlich von der Brust abgesetzt wird.

Das neue Jahresthema verlangt für wenigstens neun Monate die volle Aufmerksamkeit. Meistens tätschelt man es weitere drei Monate.

Da zu Beginn eines neuen Lebensjahres der neue Solaraszendent voll, ja sogar am stärksten entfaltet, das *alte* Solarziel aber endlich auch am stärksten entwickelt ist, ergibt sich im ersten Viertel jedes neuen Lebensjahres eine Kreuzkombination, die in dieser Art am Aufenthaltsort nicht vorkommt, ja, die es oft gar nicht geben kann. Zum Beispiel kann man zu einem neuen Löweaszendenten ein altes Wassermannziel haben.

Diese Situation bringt energetische Turbulenzen, die zu starken Anregungen führen, sich in seinem eigenen Feld neu auszurichten. Es können Schübe oder Blockaden sein. Ich habe die ersten drei Monate jedes Jahres oft als energetischen Verschiebebahnhof erlebt.

Die praktisch beobachteten Gültigkeitszeiträume für Solarfaktoren lassen sich auch theoretisch beleuchten:

Für jedes Jahr gilt, daß die Sonne einmal im Tierkreis umläuft. Für das Solar gilt das genauso.

Wenn Sie sich alle Solare in Gedanken nebeneinander legen, beginnend mit dem Radix, das gleichzeitig das Solar des ersten Lebensjahres ist, können Sie den Lauf der Sonne in den Solaren verfolgen. In jedem Solar steht die Sonne an genau derselben Stelle im Tierkreis. Legen wir nun alle Solare übereinander und denken uns diese transparent, decken sich – angefangen vom Radix ganz unten – alle Sonnenstände und alle Tierkreiszeichen. Obenauf legen wir in Gedanken noch einmal das Radix – ganz unten und ganz oben. Der Anfang ist gleich dem Ende. Dazwischen liegt der Weg in der Zeit (Solare). Der scheinbare Weg führt vom Radix zum Radix.

Die Sonne läuft im gesamten Leben viele Male durch den Tierkreis. In unserem Bild ist das ein ständiger Kreis im Radix – wenn wir von oben schauen.

Von der Seite betrachtet, sehen wir eine Spirale, die durch die Solare zum Ende führt, das auch schon der Anfang war.

Bleiben wir noch in diesem Bild. An jedem Geburtstag steht die laufende Sonne deckungsgleich mit allen Sonnen – wir sehen nur eine einzige! Interpretieren wir die Sonne als geistiges Prinzip in unserem Leben, als geistigen Leitstrahl, dann ist dieses geistige Prinzip an allen unseren Geburtstagen in Übereinstimmung sowohl mit dem Anfang als auch mit dem Weg als auch mit dem Ende. Hierin liegt die Bedeutung von Solaren für die *bewußte* Entwicklung des Menschen.

Ich kann es mir nicht verkneifen, an dieser Stelle in Erinnerung zu rufen, was wir gerade an diesem Tag in jedem Jahr mit dieser einmaligen Zeitqualität anfangen!

Aber zurück zu unserem Bild. Wir sind noch nicht ganz fertig. Nach dem Geburtstag läuft die Sonne im neuen Solar weiter, pro Monat 30 Grad oder ein Tierkreiszeichen. Nach genau drei Monaten bildet die laufende Sonne ein Quadrat* zur letzten Geburtstagssonne (und zu allen anderen Sonnen). Dieses ist ein Moment größter Spannung im Sonnenprinzip: Die letzte Geburtstagssonne will endlich ihr eigenes Ziel (Solar-MC)!

Nach sechs Monaten bildet die laufende Sonne eine Opposition zu den Geburtstagssonnen. Zum erstenmal bildet die laufende Sonne einen Aspekt sowohl „nach hinten" zum alten Solar als auch „nach vorne" zum nächsten Solar. Dieses ist deshalb der späteste Zeitpunkt zum Annehmen aller aktueller Solarfaktoren. Bereits einen Tag später bildet die laufende Sonne *nur* noch Aspekte zum zukünftigen Solar.

Natürlich gilt die Spanne von maximal einem halben Jahr auch in der anderen Zeitrichtung. Ein halbes Jahr *vor* dem nächsten Geburtstag bildet die laufende Sonne zum erstenmal einen Aspekt „nach vorne". Man könnte sich bereits auf Faktoren des neuen Solars einschwingen. Aber was kommt in Frage?

Zuerst doch wohl der Aszendent, wie bei jedem Horoskop, später, viel später, das MC.

Aber wie ist die Situation sechs Monate nach dem einen Geburtstag und sechs Monate vor den anderen?

Es stimmt, das alte Verhalten könnten wir gut ablegen, aber interessiert uns das jetzt? Wenig, sehr wenig, denn wir mühen uns seit drei Monaten mit dem längst fälligen Solar-MC (Sie erinnern sich an das schreiende Baby). Wir haben schlicht Wichtigeres zu tun.

Neun Monate nach dem letzten Geburtstag und drei Monate vor dem neuen sieht die Situation anders aus. Die laufende Sonne bildet jetzt ein Quadrat „nach vorne". Dieser Zeitpunkt

* Abstand von 90 Grad im Tierkreis

fordert geradezu heraus, die ersten Schritte in das neue Solar zu wagen, also den Aszendenten auszuprobieren! Es ist eine Zeit der Lust nach neuer ichbezogener Erfahrung.

Die zeitlichen Kombinationen von Solar-Aszendent und Solar-MC

1)

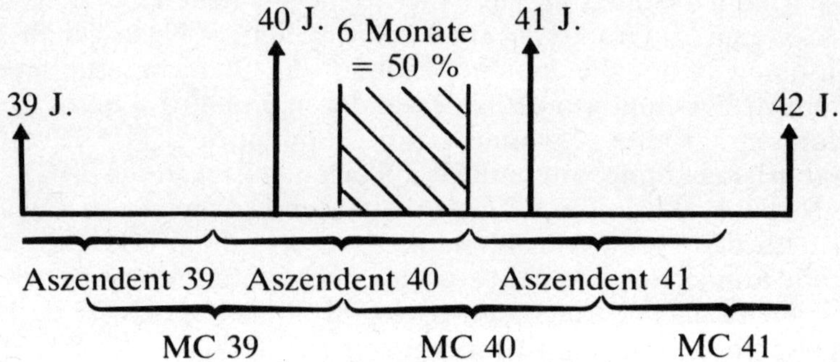

2)

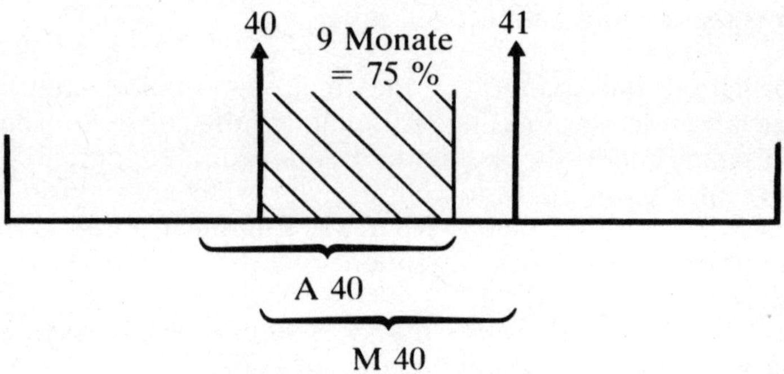

3)

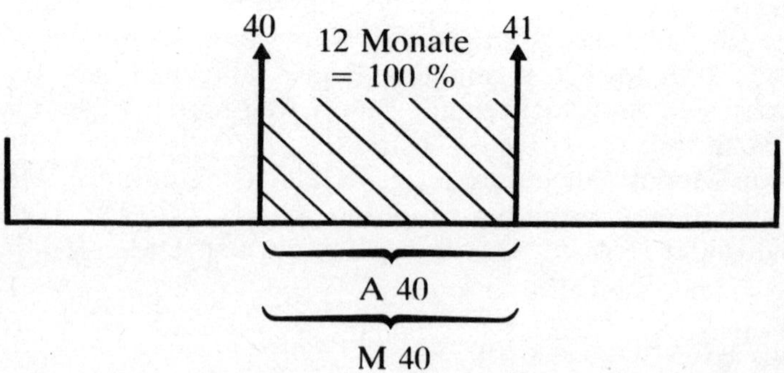

4)

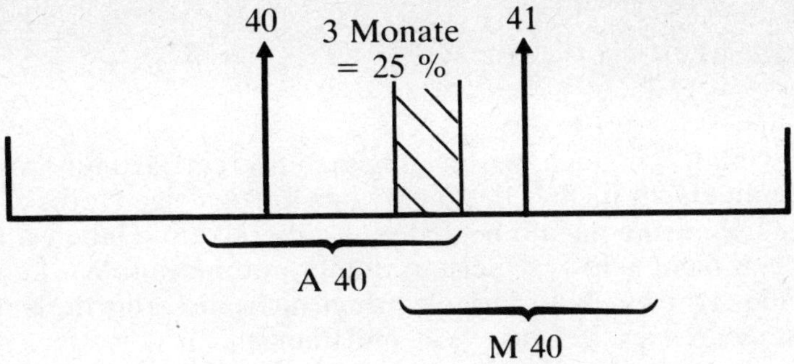

5)

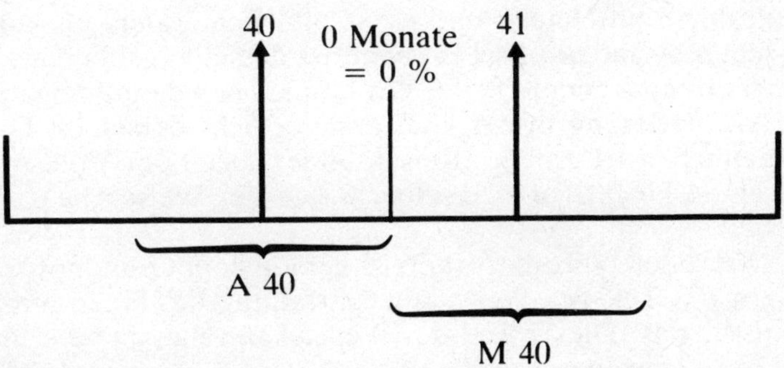

1 = Normalfall

1-2-3 = dynamische Entwicklung eines zielgerichteten, wißbegierigen Menschen auf der Suche

3 = Idealfall des total ausgerichteten Menschen

1-4-5 = statisches Auf-der-Stelle-treten, aszendentbezogen = ichbezogen, minimale Entwicklung

5 = Extremfall des aus der Entwicklung herausgefallenen Menschen, Ich-Starre

Reisen

Egal wohin wir auch reisen mögen, unserem Grundhoroskop entkommen wir nicht. Dieses eine und einzigartige Horoskop ist unser Lebensthema und begleitet uns überall hin. Haben wir ein Problem nicht gelöst, so reist es immer mit uns mit. Wir kennen das alle. Der ersehnte Urlaub bringt nicht die erhoffte Neugestaltung unseres Lebens. Wir sind danach nicht weiter, nicht einen einzigen Zentimeter – aber wir haben Abstand gewonnen, vielleicht auch eine neue Perspektive, mit der wir jetzt das alte Problem anschauen und es ist plötzlich anders als vorher. Wir sehen es anders. Das Problem ist dasselbe geblieben, aber es zeigt uns eine andere Seite. Wir können neu damit umgehen.

Ortsveränderung bringt eine andere Sicht derselben Dinge. Das nennen wir Lernen. „Reisen bildet", sagt der Volksmund. „Reisen ist Flucht vor sich selber", sagt der Weise.

Das Solar oder Jahreshoroskop ist gerade kein Grundhoroskop, sondern ein Teil des Weges zur Entfaltung des einen einzigen Lebensthemas. Dieser Teil des Weges kann nun an verschiedenen Orten gegangen werden.

Ein Solar wird deshalb immer auf den (Haupt-)Aufenthaltsort erstellt. Verbringt ein Mensch sein Leben, abgesehen von kurzfristigen Urlauben, an demselben Ort (immer in derselben Gegend), so entfaltet sich in seinen Solaren genau das Gesetz, das ich hier beschreiben will.

Verändert ein Mensch seinen Lebensschauplatz, so fällt er auch aus dem Kontinuum dieses Entwicklungsgesetzes (Solarziele). Je nach Himmelsrichtung und Entfernung der Ortsveränderung fällt man in seinem Lernrhythmus nach vorne oder nach hinten. Man überspringt sozusagen oder wiederholt eine Klasse.

Ortsveränderung ist Lernstimulanz, ein pädagogisches Mittel der Selbsterziehung, ein stufenloser Regler zur individuellen Anpassung von Lernen und Leben.

Ortsveränderung ist aber auch ein Eingriff in den natürlichen Ablauf von Leben und Lernen, ein Hinterherjagen und Auswählen von bestimmten Zeitqualitäten, ein Weglaufen vor Lernsituationen, die man nicht mag.

Sie fragen sich jetzt natürlich, was denn eine Ortsveränderung wäre. Das läßt sich praktisch nur ungenau angeben. Theoretisch ist jede Ortsveränderung Lernveränderung. Ziehen Sie von Hamburg nach Bremen um, so verändert sich Ihr Jahresziel beispielsweise von 14 Grad Stier auf 13 Grad Stier, was für die Deutung sicherlich unerheblich ist. Hätten Sie aber in demselben Beispiel in Hamburg ein Jahresziel von 0 Grad Zwillinge, so wäre der Umzug nach Bremen (29 Grad Stier) wesentlich!

Wie Sie sehen, ist auch bei kleinen Ortsveränderungen dann eine Neuberechnung des Solares notwendig, wenn das alte Solar ein MC am Ende oder Anfang eines Tierkreiszeichens hat.

Wer sich in der Berechnung von Horoskopen auskennt, wird wissen, daß jeder Ort mit seiner in Zeit umgerechneten geographischen Länge in diese Berechnung eingeht. Dabei entspricht 1 Grad Länge auf der Erdkugel vier Zeitminuten. Wichtig ist deshalb bei Ortsveränderungen der Unterschied der geographischen Längen beider Orte. Ab drei bis fünf Grad Unterschied sollte eine Neuberechnung erfolgen.

Wollen Sie reisen und trotzdem Ihr Ziel (MC) nicht aus „dem Scheitel" verlieren, so gibt es eine Lösung:

Bewegen Sie sich *nur* auf dem gleichen Längengrad, egal welcher Breitengrad!

Wenn Sie vom Längengrad Ihres Geburtsortes westlich abweichen, wird das Ziel kleiner (im Tierkreissinn – z. B. ist Löwe kleiner als Waage usw.), östlich größer.

Wollen Sie den Aszendenten verändern, so wird er bei Bewegungen nach Norden und Westen kleiner, nach Süden und Osten größer.

Vielleicht sind Sie jetzt auf den Geschmack gekommen, Ihrer Entwicklung entgegenzureisen.

Hören Sie das Gelächter?

Es ist der Weise.

Deutung

Weil sich dieses Buch im weiteren ausschließlich mit dem Solarziel befaßt, möchte ich im Einführungskapitel wenigstens ein paar Anmerkungen zum Gesamtsolar und seiner Deutung machen.

Falls Sie noch kein Jahreshoroskop gesehen haben, schauen Sie sich zuerst das auf diesen Abschnitt folgende Beispiel an.

Wie Sie wissen oder gesehen haben, ist ein Jahreshoroskop oder Solar rein äußerlich von einem Geburtshoroskop nicht zu unterscheiden. Wir haben genauso ein Kreuz (Aszendent – Dezendent, IC – MC) und 10 Planetenstände. Das aber ist der Grund, warum so mancher immer wieder dem Irrtum verfällt, er habe ein neues Horoskop vor sich liegen. Endlich ist der Jupiter im 2. Haus und Sie bräuchten dringend Geld! Sie freuen sich also auf Ihr nächstes Jahr und ...

... da geht die Enttäuschung schon los!

Ein Solar ist ein Unterhoroskop des Geburtshoroskops. „Was im Geburtshoroskop nicht angezeigt ist, kann ein Solar nicht auslösen", lautet eine Grundregel über Solare.

Das stimmt, und deshalb zeichnet man ein Solar auch niemals als Einzelhoroskop, wie ich es zur Verwirrung im folgenden Beispiel einmal gemacht habe. Man zeichnet ein Solar am besten außen am Rande des dazugehörigen Geburtshoroskopes. Soweit die Praxis.

Was ist nun mit der Deutung? Sie gehört zum schwierigsten Kapitel für den Astrologen und das liegt an Ihnen. Warum das so ist, will ich mit einem Bild erklären:

Vereinfachen wir das große Lebensspiel auf die uns bekannten Gesellschaftsspiele. Jeder Mensch hat (pro Leben) ein Spiel ausgewählt (Grundthema/Radix). Zur Entfaltung seines Spieles wählt er Spielsteine bestimmter Farben (Planeten) und setzt Züge (Solare) auf einem Spielfeld (Leben).

Dieser Mensch kommt nun zur Beratung und fragt, welchen Stein er wohin setzen soll (aktive Lebensentfaltung) oder warum ihm ein anderer diesen Stein vor die Nase gesetzt habe (passive Lebensentfaltung).

Was würden Sie jetzt als Berater antworten?

Sie würden sicherlich zuerst danach fragen, welches Spiel sich Ihr Klient ausgesucht hat. Daraus ergibt sich dann bereits die Grundlage für die Lösung des aktuellen Problemes. Schließlich ist es ein Unterschied, ob jemand „Mensch-ärgere-dich-nicht“ oder Monopoly spielt.

Beim Lebensspiel ist das genauso. Nur fragt Sie hier der Berater nicht nach dem vorab gewählten Thema, weil Sie wahrscheinlich keine Auskunft geben könnten, ob Sie in Ihrem Leben symbolisch eher „Mensch-ärgere-dich-nicht“ oder Monopoly gewählt haben. Die Beratungssituation ist äußerst schwierig, wenn nicht verfahren.

Solange Sie nicht ein bißchen Klarheit haben über Ihr Grundhoroskop und die darin verschlüsselten Hauptthemen, solange ist jede Gesamtsolardeutung ein witziges Spiel ohne Bezug zu Ihnen.

Wenn Sie aber anfangen, Ihr „Spiel“ zu ahnen, dann wird die Hinzunahme von Solaren zum Erlebnis. Sie entdecken, wie Sie das Spiel in der Zeit nun tatsächlich gestalten. Sind Sie vielleicht zögernd, gehen Sie Umwege oder entwickeln Sie das Spiel schnell und stocken dann …

Ich erwähne hier die Vielfalt der Möglichkeiten, ein Schachspiel zu gestalten, das nicht zuletzt deshalb auch das „königliche Spiel“ genannt wird.

Wenn Sie wirklich an Gesamtsolardeutung interessiert sind, dann studieren Sie zuerst Ihr Grundhoroskop. Anschließend beobachten Sie einige Jahre, am besten mit Notizen, was Ihnen widerfährt und was Sie selber unternehmen. Sie werden dann selber wissen, wie Sie ein stark besetztes sechstes Solarhaus (siehe Beispiel) leben können.

Beispiel

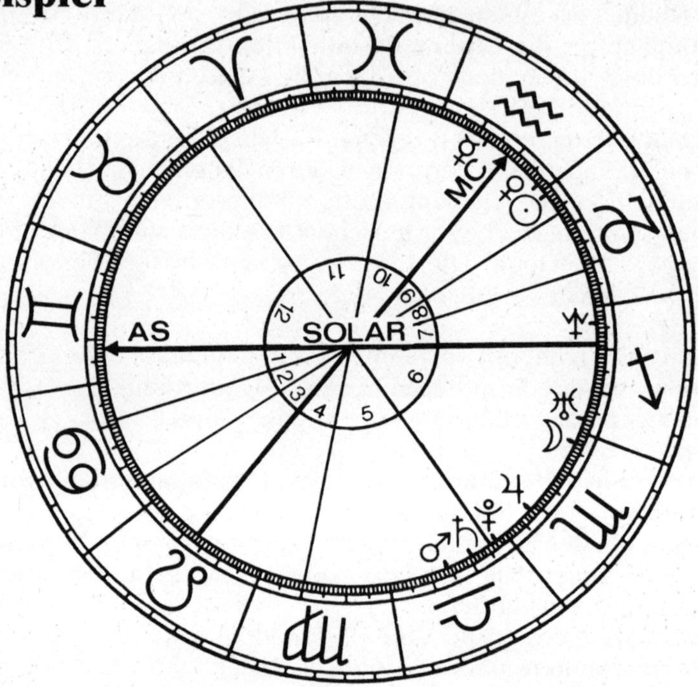

Oben finden Sie ein Jahreshoroskop, das ich aus Übungsgründen einmal isoliert aufgezeichnet habe.

Auffallend ist sofort das stark besetzte sechste Haus, angeführt von Pluto, dann Jupiter, Mond und Uranus. Bei stark besetzten sechsten Solarhäusern denken viele angstvoll an Krankheit und werden dann natürlich auch krank.

Aber gehen wir einmal systematisch vor:

Der Horoskopeigner *muß* sich in dem betreffenden Jahr ganz sicher vorrangig mit dem Thema sechstes Haus/Jungfrau befassen (Arbeit, Alltag, Pflicht, Aufgabe ... Wohlergehen). Dabei steht diese Auseinandersetzung unter der Regie von weltanschaulichen Leitlinien (Sonne im neunten Haus). Das Ziel wird eine gesellschaftlich-soziale Einfügung sein (MC Wassermann) und die Art des Herangehens wird informativ, intellektuell, geistig sein (Aszendent Zwillinge).

Das alles läßt sich sagen, *ohne* das Radix zu kennen – aber auch nicht mehr. Wir müssen jetzt das Grundhoroskop nehmen und in Beziehung zu diesem Solar setzen.

Dabei interessiert uns folgendes besonders:

- Hat der Horoskopeigner im Radix bereits ein besetzes sechstes Haus?
- Hat der Horoskopeigner vielleicht Planeten im Tierkreiszeichen Jungfrau?

Wenn dem so wäre, könnte jemand mit diesem Solar ein besonders schicksalhaftes (Pluto), wechselhaftes (Mond), aber ungewöhnlich (Uranus) erfolgreiches (Jupiter) Arbeitsjahr erleben.

Ein anderer könnte wirklich krank werden, weil er zwanghaft (Pluto) an einem gewohnten (Mond), für ihn überschaubaren (Jupiter) Posten hängt, der umgestaltet werden soll und ihm Veränderungen (Uranus) abverlangt.

Ein Dritter könnte arbeitslos werden (Pluto) und sich intensiv fragen, welche Aufgabe ihm eigentlich ein Bedürfnis wäre (Mond), ihm sinnvoll erschiene (Jupiter). Er könnte zu dem Schluß kommen, daß er sich dahin entwickeln möchte (Uranus).

Für alle drei Formen des Auslebens braucht man viel Energie aktueller Art, also Solarplaneten, im sechsten Haus, sonst würde dieses Thema einfach nicht interessieren.

Besetzte Solarhäuser weisen darauf hin, welche Lebensgebiete in dem betreffenden Jahr aktuell sind. Verarbeitet werden sie allerdings so, wie es die entsprechenden Häuser und Tierkreiszeichen im Grundhoroskop angeben.

Schauen wir uns zum Schluß kurz das Radix zum oben beschriebenen Solar an. Die Abbildung zeigt jetzt das Radix in der Mitte des Tierkreises und das Solar außen am Rande.

Es fällt sofort auf, daß das Solarkreuz mit dem Radixkreuz übereinstimmt. Man dann daraus schließen, daß das betreffende Jahr für den Horoskopeigner sehr wesentlich ist, weil es ihn an sein eigenes „Kreuz" heranführt. Diese Wiederkehr des Radixkreuzes im Solar ist keine Besonderheit, sondern eine zyklische Normalität für alle Menschen.

Es fällt weiter auf, daß der Horoskopeigner nur den absteigenden Mondknoten im sechsten Haus hat und den Saturn in der *Jungfrau.* Das Radix weist nicht auf jemanden hin, dessen

Hauptaufgabe die lustvolle Mitarbeit ist, eher auf jemanden, der sich lange, eventuell zu lange, mit Disziplin und Härte in die Arbeit zwingt (Saturn), weil ihm einfach nichts anderes einfällt (absteigender Mondknoten als automatisches, aber sinnloses Verhalten).

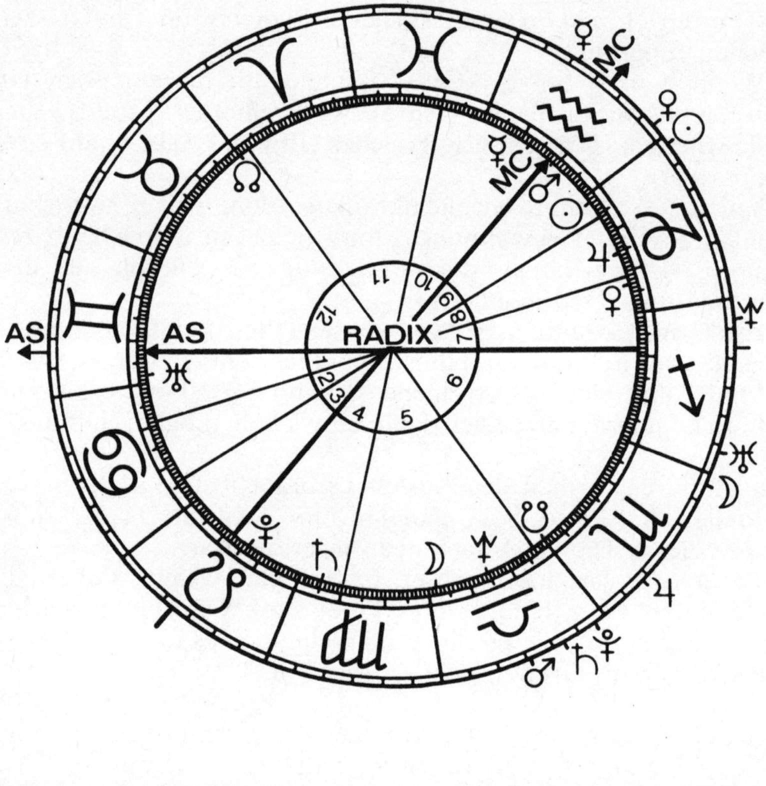

Von den drei Formen des Auslebens kommt also die erste gar nicht in Frage, die zweite eventuell (absteigender Mondknoten als altes Verhalten, Festhalten), die dritte möglicherweise.

Der Horoskopeigner, der ich selber bin, lebte tatsächlich die dritte Form der Auslösung. Das betreffende wesentliche Jahr brachte mir das „Aus“ für den bisherigen Berufsweg, was ich als Erleichterung empfand, und den Anfang für meine heutige Aufgabe, was ich damals mit Herzklopfen und Angst bezahlte.

KAPITEL 2

Der Lernplan: Wie lernen wir?

Das Gesetz der Solarziele

Unser Sonnensystem ist ein zyklisches System. Alle Bewegungen, Bahnen, Rotationen, Umläufe sind wiederkehrend.

Damit wir uns auch entwickeln und nicht nur wiederholen, ist diese Wiederkehr in jedem Zyklus minimal anders, zyklisch anders. Wir kommen aus dem Zyklischen niemals heraus und das hat Folgen:

Alles was wir als gleichgeartet beobachten, *muß* wiederum zyklisch sein. Sucht man jedes Jahr zur gleichen Sonnenposition den zugehörigen Zenit (Solarziel), so muß dieser ebenfalls eine Wiederholung aufweisen.

Das Gesetz der Solarziele ist also weder ein Phänomen noch eine neue Entdeckung. Wir haben es aber vergessen, was eigentlich nicht verwundert; interessiert uns doch seit langem viel mehr das Thema „Anfang und Ende".

Der Zyklus, die Wiederkehr, beginnt uns erst langsam zu beschäftigen.

Wie sieht dieses Gesetz nun aus?

Egal für welchen Geburtssonnenstand (Zeitpunkt) man für kommende oder vergangene Jahre Solare errechnet, es ergibt sich immer dieselbe Abfolge von Solarzielen:

... – fest – kardinal – beweglich – fest – kardinal – beweglich – fest* – ...

Innerhalb dieser Gruppen folgen die Tierkreiszeichen ebenfalls gleich aufeinander, und zwar immer in Richtung des Tierkreises.

* Widder, Krebs, Waage, Steinbock sind kardinale Tierkreiszeichen; Fische, Zwillinge, Jungfrau, Schütze bewegliche; Wassermann, Stier, Löwe, Skorpion feste.

BEISPIEL I	
28 Grad Jungfrau	
25 Grad Schütze	
22 Grad Fische	
20 Grad Zwillinge	
13 Grad Jungfrau	
14 Grad Schütze	beweglich
7 Grad Fische	
7 Grad Zwillinge	
29 Grad Löwe	
1 Grad Schütze*	
25 Grad Wassermann	
26 Grad Stier	
18 Grad Löwe	
22 Grad Skorpion	
16 Grad Wassermann	fest
17 Grad Stier	
10 Grad Löwe	
12 Grad Skorpion	
4 Grad Wassermann	
5 Grad Stier	
27 Grad Krebs	
28 Grad Waage	
21 Grad Steinbock	
19 Grad Widder	
14 Grad Krebs	
14 Grad Waage	
8 Grad Steinbock	kardinal
7 Grad Widder	
4 Grad Krebs	
2 Grad Waage	
0 Grad Steinbock	
26 Grad Fische	
24 Grad Zwillinge	
22 Grad Jungfrau	beweglich
20 Grad Schütze	usw.

BEISPIEL II	
22 Grad Stier	
12 Grad Löwe	
15 Grad Skorpion	fest
7 Grad Wassermann	
7 Grad Stier	
28 Grad Krebs	
28 Grad Waage	
22 Grad Steinbock	
22 Grad Widder	
15 Grad Krebs	
16 Grad Waage	
13 Grad Steinbock	kardinal
12 Grad Widder	
8 Grad Krebs	
8 Grad Waage	
3 Grad Steinbock	
1 Grad Widder	
28 Grad Zwillinge	
23 Grad Jungfrau	
22 Grad Schütze	
15 Grad Fische	
14 Grad Zwillinge	
4 Grad Jungfrau	beweglich
8 Grad Schütze	
1 Grad Fische	
3 Grad Zwillinge	
25 Grad Löwe	
28 Grad Skorpion	
19 Grad Wassermann	
20 Grad Stier	
15 Grad Löwe	
16 Grad Skorpion	fest
8 Grad Wassermann	
11 Grad Stier	
2 Grad Löwe	usw.

Die Beispiele I und II listen die Solarziele von zwei unterschiedlichen Menschen für denselben Zeitraum (1966 bis 2000) auf. Sie können das Gesetz der Abfolge daran selber entdecken. Person I wird zum Beispiel vor diesem Zeitraum garantiert kardinale

* die Übergänge der Phasen können überlappend sein

Solarziele gehabt haben. Person II hatte in demselben Zeitraum zuerst noch feste Ziele, davor dann bewegliche.

Am Beispiel der beiden Personen erkennt man, daß zwar die Abfolge der Verwirklichungskräfte (kardinal, beweglich, fest) und die Abfolge der Tierkreiszeichen gleichmäßig ist, nicht aber die zeitliche Dauer einer Phase, die ich später Lernphase nennen will. Eine kardinale, bewegliche oder feste Lernphase kann nach meinen Beobachtungen zwischen 8 und 14 Jahren schwanken. Es gibt also kurze und lange Lernphasen, die sich in ihrer Dauer jedoch – über das ganze Leben betrachtet – ausgleichen. Die *ideale* Lernphase beträgt genau 12 Jahre.

Betrachten wir diesen „kosmischen" Stundenplan genau:

Es gibt zwölf verschiedene Unterrichtsfächer entsprechend den zwölf Tierkreiszeichen. Davon lebt der „Schüler" in einer für ihn überschaubaren Zeit nur vier Fächer, die in ihrer Auswahl und Abfolge vorgegeben sind und zweimal vollständig wiederholt werden, so daß jedes Fach dreimal in einer Phase von zwölf Jahren „fällig" ist.

Werden dem Schüler, also uns, vier neue Fächer angeboten, dann müssen wir die alten vollkommen loslassen.

Der Plan ist einfach und nachvollziehbar. Er basiert auf der Zahlenfolge 4×3×3. Die Grundzahl ist Vier (Materie) und erinnert daran, daß hier Menschen lernen, Menschen aus Fleisch und Blut, bzw. daß dieser Lehr- und Lernplan für die Erde bestimmt ist. Die Aufbauzahl ist Drei (Geist) und erinnert an die Fähigkeit zur Erkenntnis durch den Geist.

Eine Lernphase beträgt 3×4, also zwölf Jahre und erinnert daran, daß der eigentliche Schüler die Seele ist, die im Hause des Körpers zum Geist hingeführt werden möchte.

Betrachten wir jetzt die gesamte Lerneinheit und untersuchen ihre notwendige Fähigkeit, sich zyklisch zu verhalten:

Beispiel I und II listen Solarziele für aufeinanderfolgende Jahre. Ich habe diese absichtlich nicht dazugeschrieben, weil das Jahr selber als Information unwichtig ist. Wichtig ist nur die Aufeinanderfolge der Solarziele in dem Sinne, den wir Zukunft nennen. Man sieht, daß zwar die Tierkreiszeichen im Sinne des Tierkreises aufeinanderfolgen, die Gradzahlen aber gegen den Tierkreis erscheinen.

BEISPIEL III – ideale Solarziele = „kosmischer" Stundenplan

ZYKLUS

kardinal

Widder
Krebs
Waage
Steinbock

1 Klasse = 1 Jahr

Widder
Krebs
Waage
Steinbock

1 Stufe = 4 Jahre

Widder
Krebs
Waage
Steinbock

1 Lernphase = 12 Jahre

beweglich

Fische
Zwillinge
Jungfrau
Schütze

4

Fische
Zwillinge
Jungfrau
Schütze

Fische
Zwillinge
Jungfrau
Schütze

3

3

fest

Wassermann
Stier
Löwe
Skorpion

Wassermann
Stier
Löwe
Skorpion

Wassermann
Stier
Löwe
Skorpion

1 Lernzyklus = 36 Jahre

+Steinbock

1 Jahr (korrektiv)

1 Lerneinheit = 37 Jahre

Solarziele entfalten sich in der Zeit rückwärts durch *ein* Tierkreiszeichen, vorwärts jedoch durch den Tierkreis.

Aus dieser Vorgabe folgt, daß die Solarzielabfolge bei Phasenwechsel, also dann, wenn kardinale Ziele in bewegliche übergehen oder bewegliche in feste oder feste in kardinale, auch rückwärts sein muß.

Im Beispiel II ist nach 5 Jahren die feste Phase vorüber. Beim Phasenwechsel folgt auf Stier der Krebs.

Ohne Phasenwechsel müßte auf Stier der Löwe folgen. Beim Phasenwechsel wird das ohne Wechsel erwartete Tierkreiszeichen um eines vermindert: Aus dem erwarteten Löwen wird ein Krebs!

Wenn Sie sich jetzt noch einmal die Beispiele I und II ansehen, wird vielleicht klarer, daß beide nur ein Ausschnitt aus einem endlosen Band sind. Man kann beide Listen endlos in beide Richtungen verlängern und erkennt dann auch, daß sie „irgendwie“ dasselbe Band sind.

Die beiden (individuellen) Bänder unterscheiden sich durch die Länge der Phasen und den Anfang der Abfolge innerhalb der Stufen, gleichen sich aber in den Grundbestandteilen und dem Gesetz, das dem Band zugrunde liegt.

Untersuchen wir nun am Beispiel III, wie der ideale kosmische Stundenplan zum zyklischen Band wird:

Ein bißchen aus Gewohnheit habe ich den idealen Plan beim Widder und den kardinalen Zielen begonnen. Man hätte mit jedem Tierkreiszeichen anfangen können, ohne daß sich irgend etwas ändert an dem, was ich im folgenden sagen will.

Betrachtet man die ideale Abfolge, so ergibt sich ein folgenschweres Problem. Egal wo wir beginnen (probieren Sie es aus!) – nach 36 Jahren, also einem gesamten Zyklus, können wir nicht so einfach wieder von vorn beginnen, wie es sich für einen ordentlichen Zyklus gehören würde. Nach dem Gesetz folgt auf unser letztes ideales Solarziel im Beispiel III ein Phasenwechsel auf kardinale Ziele. Also muß auf den Skorpion ein Steinbock folgen (Wassermann um ein Tierkreiszeichen vermindert). Darauf folgen dann innerhalb der kardinalen Phase im Sinne des Tierkreises Widder, Krebs, Waage.

Diese Abfolge haben wir zu Beginn im Beispiel III. Anscheinend muß man einen 37. Schritt anschließen, sozusagen als Korrektiv, um dann den Zyklus schließen zu können.

Wir erhalten äußerlich eine Lerneinheit von 37 Jahren. Verfolgt man in Gedanken die zweite Lerneinheit, so stellt sich heraus, daß unser sogenanntes Korrektiv, das 37. Jahr, eigentlich das erste Jahr des neuen Zyklus ist und die 1. Stufe im 2. Zyklus bereits nach der Waage beendet ist, also ein Tierkreiszeichen eher als im Anfangszyklus.

Verfolgt man das weiter (siehe Bild), beginnen und enden alle Stufen und Phasen in der zweiten Einheit jeweils ein Tierkreiszeichen eher, so daß der gesamte zweite Zyklus auch ein Tierkreiszeichen eher endet, nämlich mit dem Löwen. Da er mit dem Steinbock begann, müssen wir als Korrektiv eine Waage einfügen, um dann wieder von vorne anfangen zu können. Auch der dritte Zyklus wird wieder pro Stufe und Phase um ein Tierkreiszeichen eher anfangen und enden als der zweite. Das setzt sich immer weiter fort. Wir erhalten ein endloses Band, indem die Abfolge kardinal – beweglich – fest – kardinal – beweglich ... immer gleich ist, die Stufen aber in jedem Zyklus mit einem anderen Tierkreiszeichen beginnen.

Erinnern wir uns noch einmal an die Beispiele I und II, so sind diese tatsächlich (nur) Ausschnitte aus ein und demselben end-

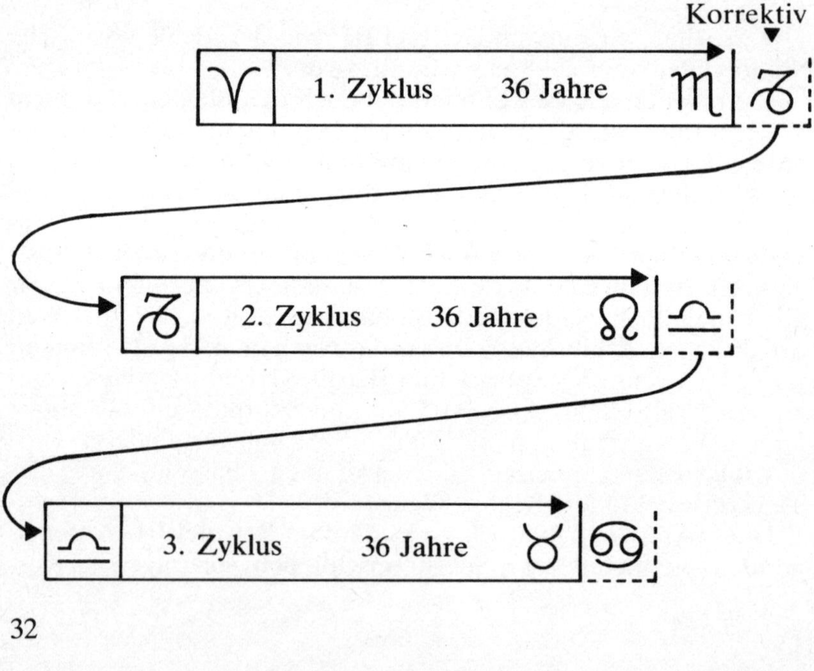

losen Lernzyklus, vorgegebener und unumstößlicher Weg für *alle* Menschen. Alle Menschen gehen auf demselben Weg. Es gibt nur einen!

Am Anfang dieses Kapitels sagte ich, daß alles im Kosmos zyklisch sei, und zwar so, daß der nachfolgende Zyklus immer ein bißchen anders ist. Der Solarzielzyklus macht also gar keine Ausnahme. Er ist ein getreues Abbild der Gesetze alles Lebendigen und zeigt uns, was Lernen (Leben) eigentlich ist, nämlich *fortschreitender Rückschritt.*

Lernen (Leben) erfolgt sowohl in Richtung des Tierkreises als auch umgekehrt. Die Grundstufe des Lernens (4er-Stufe) erleben wir in Richtung des Tierkreises. Diese Richtung ist die uns bekanntere. So zählen wir die astrologischen Häuser, so empfinden wir den Lauf der Jahreszeiten und den Lauf des äußeren Lebens. Diese Richtung entspricht unserer Vorstellung von Vorwärts, von Fortschreiten, von Fortschritt.

Die höheren Stufen des Lernens erleben wir alle in umgekehrter Tierkreisrichtung (Phase und Zyklus). Das zeigt uns das Gesetz der Solarziele deutlich. Die Abfolge ... kardinal – beweglich – fest ... ist *gegen* den Tierkreis.

Außer der Grundstufe (Materie) gibt es kein Lernen mehr in Tierkreisrichtung. Das sollte zu denken geben! Wir kennen zwar alte astrologische Rhythmen gegen den Tierkreissinn, aber der rückläufige Tierkreis ist uns als Lernfortschritt nicht sehr geläufig, weil uns jedes Zurück nicht sehr geläufig ist.

Lernen und Leben ist ureigentlich fortschreitender Rückschritt. Diese logische Unmöglichkeit erinnert an ein Koan oder einen Spruch von Lao-tse. Im bewußten Erleben der Solarziele bis zum Überblicken einer gesamten Lerneinheit kann der Mensch so eine mögliche Unmöglichkeit an sich selber erfahren. Das folgende Bild möge den fortschreitenden Rückschritt noch einmal anders darstellen.

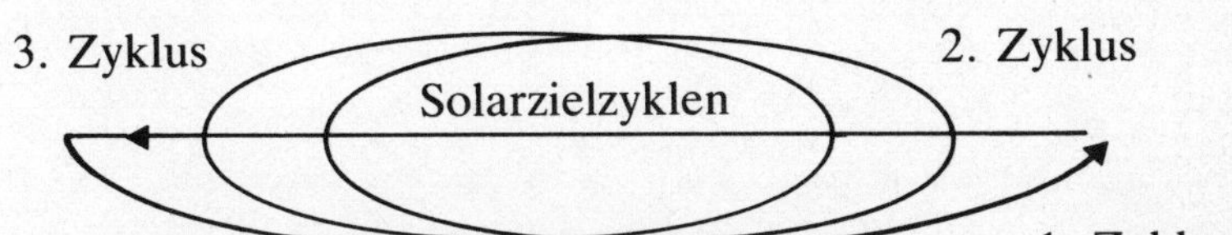

Nach so viel Theorie wieder zur Praxis.

Im Leben jedes Menschen ist eine Folge des Gesetzes der Solarziele, daß man mit ungefähr 30 Jahren (28-32) zum erstenmal wieder als Erwachsener das eigene Radix-MC als Solarziel hat. Meistens ergibt sich sogar derselbe Aszendent, und der Mensch erlebt sein eigenes Kreuz als Jahreskreuz neu. Diese Jahre sind für die äußere Sinnfindung außerordentlich wichtig.

In der Praxis gibt es lange und kurze Lernphasen von ungefähr 8 bis 14 Jahren. In einer langen Phase kann ein Tierkreiszeichen als Solarziel bis zu viermal wiederholt werden, in einer kurzen Phase manchmal nur zweimal. Man sollte sich das tatsächlich einmal berechnen oder berechnen lassen.

Was ist nun mit unserem Reisenden?

Reist ein Mensch oder verändert er seinen Wohnsitz, dann fällt er aus der gegenwärtigen Abfolge eben in eine andere. Er stolpert sozusagen nach vorne oder nach hinten und bewegt sich, lebt und lernt auf *demselben* endlosen Band weiter.

Reisen und Wohnortwechsel können für den einzelnen sehr wichtige Korrekturen in seinem Leben sein, niemals aber verändert sich das Leben als solches.

Kein Mensch kann aus dem Gesetz fallen, kein Mensch kann durch Reisen seinem Lernen entgehen. Er verändert seinen Standpunkt im Lernzyklus, aber er bewegt sich immer wieder auf demselben einen Band.

Es gibt für alle Menschen nur einen gleichen Weg, egal wo wir uns befinden, egal wie wir uns auch räumlich verändern.

Ob man zu Hause bleibt oder fortgeht – qualitativ ist das kein Unterschied.

Deshalb lachte der Weise.

Bewegliches, festes, kardinales Lernen

Das Gesetz der Solarziele zeigt, daß jeder Mensch für eine längere Zeit *nur* bewegliche, *nur* feste, *nur* kardinale Jahreslernziele hat.

Warum ist das so? Warum lernen wir nicht anders? Beispielsweise könnten wir doch auch eine gewisse Zeit nur Erdeziele haben, dann nur Luftziele, dann Wasser, dann Feuer …

Was ist an den drei Verwirklichungskräften so besonders, und was ist das überhaupt?

Man ordnet den zwölf Tierkreiszeichen einerseits die vier Elemente zu und erhält jeweils drei Feuer-Tierkreiszeichen, drei Erde-Tierkreiszeichen, drei Luft-Tierkreiszeichen, drei Wasser-Tierkreiszeichen.

Feuer	*Erde*	*Luft*	*Wasser*
Widder	Stier	Zwillinge	Krebs
Löwe	Jungfrau	Waage	Skorpion
Schütze	Steinbock	Wassermann	Fische

Dabei steht *Erde* für den Körper, die Materie; *Luft* für den erkennenden Geist; *Wasser* für die Seele. *Feuer* ist das die Dreiheit Körper – Geist – Seele entfachende, also der Lebensfunke, die Initiation, anders ausgedrückt der Odem Gottes.

Man ordnet den zwölf Tierkreiszeichen andererseits die drei Verwirklichungskräfte zu und erhält jeweils vier bewegliche Tierkreiszeichen, vier feste Tierkreiszeichen, vier kardinale Tierkreiszeichen.

beweglich[1]	*fest*[2]	*kardinal*[3]
Fische	Wassermann	Steinbock
Schütze	Skorpion	Waage
Jungfrau	Löwe	Krebs
Zwillinge	Stier	Widder

[1] für beweglich findet man auch die Worte variabel, flexibel …
[2] für fest findet man auch fix, stabil …
[3] für kardinal findet man auch dominant …

Ähnlich den drei physikalischen Aggregatzuständen (fest, flüssig, gasförmig) beschreiben die Verwirklichungskräfte die drei qualitativen Erscheinungsformen der Elemente Feuer, Erde, Luft und Wasser.

Beweglich heißt dabei Einfluß annehmen, *kardinal* Einfluß ausüben. Das Feste liegt genau dazwischen. Weder wird Einfluß angenommen noch ausgeübt. *Fest* heißt sich binden, gebunden sein.

Diese Beschreibungen müssen unbedingt wertneutral aufgefaßt werden. Auch wenn uns manche Worte immer wieder zu Bewertungen verführen. Das Einflußannehmende ist genauso wichtig wie das Einflußausübende oder das Bindende. Alle 3 Erscheinungsformen bedingen sich gegenseitig, rufen sich erst gegenseitig ins Leben und bilden zusammen eine neue Ganzheit.

Der Vorgang unseres *Atmens* ist ein genaues Abbild der Verwirklichungskräfte. Dabei ist das Einatmen beweglich. Wir nehmen durch den Luftstrom fremde Einflüsse in uns hinein. Wir setzen uns Einflüssen aus. Das Ausatmen ist kardinal. Wir beeinflussen mit unserem Atemstrom die Umgebung. Wir üben Einfluß aus.

Der Zustand dazwischen ist das Bindende, das Feste. Wir verharren einen Moment nach dem Einatmen und vor dem Ausatmen in Ruhe. In dieser Zeit bindet sich der Sauerstoff der Atemluft in den Lungenbläschen an die roten Blutkörperchen.

Atmen Sie einmal ständig ein und sofort wieder aus. Sie werden daran spüren, was es heißt, auf das Bindende zu verzichten. Wir atmen nur im Zustand höchster Angst oder Anstrengung so (hyperventilieren).*

Ein vollständiger menschlicher Atemzug besteht aus einatmen – binden – ausatmen, ein vollständiger *astrologischer Atemzug* aus beweglich – fest – kardinal. Dieses ist aber genau die Abfolge unserer Solarziele. Ein Lernzyklus ist ein vollständiger Atemzug. Die Lernphasen sind Teile des Atemzuges.

* In einigen Atemtechniken wird das Hyperventilieren zum Erreichen höherer Bewußtseinszustände benutzt – hierbei wird also versucht, das feste Kreuz zu umgehen!

Bewegliche Solarziele zu haben bedeutet, sich in einer Phase zu befinden, in der man lernt, Einflüsse anzunehmen.

Feste Solarziele zu haben bedeutet, sich in einer Phase zu befinden, in der man lernt, sich zu binden. Und man bindet sich immer dann, wenn man weder Einflüsse annimmt noch ausübt.

Kardinale Solarziele zu haben bedeutet, sich in einer Phase zu befinden, in der man lernt, Einflüsse auszuüben, etwas in Bewegung zu setzen.

Das bewegliche, das feste und das kardinale Lernen sind grundverschieden. Deshalb lernen wir eine lange Zeit zum Beispiel *nur* binden oder *nur* einatmen. Wir lernen das Einatmen durch alle Elemente hindurch und wiederholen dasselbe, bis wir endlich nur noch Einatmen geworden sind. Erst dann folgt der nächste Lernschritt.

Lernwechsel

Die Übergänge von einer Lernphase in die nächste sind für den Menschen besonders spürbar. Innerhalb kürzester Zeit ändert sich tatsächlich das Erleben von Grund auf. Deshalb eignet sich dieser Übergang sehr gut zur Selbstbeobachtung und zum Einstieg in das bewußte „astrologische Atmen“. Es gibt drei Lernwechsel:

beweglich – fest	fest – kardinal	kardinal – beweglich
(einatmen – binden)	(binden – ausatmen)	(ausatmen – einatmen)

Wenn man eine lange Zeit nur bewegliche Lernziele hatte, also immer nur eingeatmet hat, sich Einflüssen jeder Art ausgesetzt hat, dann ist man zum Schluß tatsächlich (fast) nur noch fremder Einfluß. Man wird immer mehr wie ein Blatt im Wind, Spielball der Einflüsse von außen. Diese völlige Hingabe an das Leben, sich leben zu lassen ohne Widerstand, ist durchaus Sinn der beweglichen Lernphase.

Um so mehr sehnt sich der Mensch am Ende dieser Phase nach

Bindung, nach Zustand, nach Verankerung, nach Halt, nach Festem.

Es hat mich immer wieder überrascht zu beobachten, wie Menschen bereits im ersten Jahr einer festen Lernphase scheinbar plötzlich wissen, was sie wollen, eine Meinung haben, sicher sind, sich fast entschuldigen, daß sie so sicher sind, und ebenso scheinbar plötzlich nicht mehr beeinflußbar sind, egal wie verrückt oder normal ihre neue feste Meinung nun ist. Dabei erwarten sie überhaupt nicht, daß andere diese Meinung teilen, verstehen oder nachvollziehen können. Sie wollen ihre neue feste Meinung nur leben, in ihr sein, tief in sie eintauchen, sich binden daran in Lust und Leid.

Dieser neue Zustand ist zuerst natürlich wunderbar. Ich denke mir, er ist so ähnlich wie Columbus' Landung an den Küsten Amerikas. Man kommt nach langer (Irr-)Fahrt (beweglich) irgendwo an (fest) und genießt es, gelandet zu sein, festen Boden unter den Füßen zu haben.

Wenn man dann eine lange Zeit nur feste Lernziele hatte, also sich immer nur gebunden hat, ist man zum Schluß gesättigt. Mehr kann man sich einfach nicht binden. Die Lungen aus unserem Atembeispiel sind prallvoll. Man sehnt sich danach auszuatmen, etwas anzufangen mit der Bindung, sie als Ausgangskraft zu benutzen, Einfluß in die Außenwelt zu tragen. Man möchte endlich etwas in Bewegung setzen. Jetzt ist der Moment gekommen, anderen die lange zurückgehaltene eigene Position klar zu machen.

Man kann sehr schön beobachten, wie Menschen am Ende einer festen Phase in eine gewisse „kardinale Unruhe" fallen. Sie fangen zum Beispiel an, große Reden zu schwingen, was sie alles tun wollen, wenn sie endlich an der Reihe sind. Man kann weiter beobachten, daß sie sich schon umsehen, wo und wie sie Einfluß ausüben könnten. Dabei können das zuerst ganz alltägliche Kantigkeiten und Reibereien sein, die man etwas voreilig schon einmal übt. Man hat darin gewisse Erfolge, kommt aber nicht so zum Zuge, wie man es möchte, weil der Zeitpunkt noch zu früh ist.

So voreilig zu sein ist ein Ergebnis unseres stets zu flachen Atmens. Fast alle Menschen atmen nicht tief genug. Und sogar dann, wenn wir meinen, eingeatmet zu haben, hat die Lunge noch viel mehr Kapazität. Genauso ist es beim astrologischen

Atmen, dem Lernen in der Zeit. Wir glauben auch hier am Ende jeder Phase, nun ginge es nicht mehr.

Der Übergang zur kardinalen Phase ist für alle Menschen ungefähr alle 30-35 Jahre ein „Muß“.

Jeder muß also zwei- bis dreimal in seinem Leben Kardinales üben. Davon fällt vielleicht nur eine Phase in sein aktives erwachsenes Alter! In dieser Zeit will die in der festen Phase gebundene Idee (Vorstellung, Wahrheit, Meinung ...), die wiederum eine Ausfilterung aus der beweglichen Phase ist, in die Außenwelt gebracht werden.

Dazu muß man unweigerlich Einfluß ausüben und wird deshalb ebenso unweigerlich Gegenkräfte und Widerstände erleben. Dem Menschen wird Mut, Risikobereitschaft und Rückgrat abverlangt. Der Übergang zur kardinalen Phase ist deshalb nicht nur mit Lust verbunden, sondern auch mit Angst. Über allem fluoresziert aber die Aufregung, eine Chance zu haben.

Es ist der Moment, in dem man die freie Wahl hat, im Spiel des Lebens selbst eine Rolle zu übernehmen oder sich doubeln zu lassen. Einflußausübende Doubles finden wir überall:

Die große bekannte Firma, das hohe Gehalt, das teure Auto, die weite Reise, das große Haus oder, personifiziert, die tollen Leute, die man kennt; die Prominenz, mit der man sich duzt; der Chef, der ohne uns verloren wäre oder auch die Beziehungen, die man (angeblich) hat; der Einfluß, den man jederzeit in bestimmten Kreisen, Gruppen, Verbänden, Parteien ausspielen könnte ... Unsere Gesellschaft ist rundum auf kardinale Doubles ausgerichtet.

Wenn man eine lange Zeit nur kardinale Lernziele hatte, wird das Bestimmenwollen immer mehr zur Fixierung. Aus dem Einflußausübenden wird das Einfluß-haben-Wollende. Ließe man sich doubeln, würden die Ersatzeinflüsse immer größer und spektakulärer. Hatte man den Mut, selber Einfluß auszuüben, wird die eigene Position immer autoritärer und der Widerstand immer größer.

Beide Auslebensformen bringen den Menschen am Ende der kardinalen Phase in eine kräftemäßige Sackgasse, eine psychische Überforderung.

Entsprechend der Situation am Ende des Ausatmens wird die Kraft dazu immer schwächer. Man müßte dringend wieder einatmen, um durch die anschließende Bindung des Sauerstoffs in den Lungenbläschen neue Kraft zum Ausatmen zu haben. Die Natur zwingt uns einfach dazu.

Und was tut der astrologische Ausatmer?

Er klammert sich, inzwischen blau anlaufend, immer verkrampfter an seine eroberten Einflüsse, macht sich lächerlich und sucht ziemlich hilflos nach einer Lösung seiner Atemnot. Seit Monaten ist er schon in der beweglichen Phase, aber er merkt es gar nicht. Endlich hilft die Natur auch hier. Der reale Einfluß bricht endgültig zusammen. Man ist nicht mehr gefragt. Das große Auto geht zu Schrott, der Chef wird versetzt, das Parteimitglied wird abgewählt ...

Zuerst ist man entsetzt und glaubt, das Leben wäre zu Ende. Dann spürt man die Erleichterung. Die Last des Kardinalen ist endlich gebrochen.

Endlich darf man wieder Kräfte tanken, experimentieren, sich in seiner Umgebung umsehen, die man zuletzt gar nicht mehr wahrgenommen hatte.

Vieles ist wieder offen. Das Leben bietet neue Reize. Der Mensch wird wieder zum Neugierigen, zum Aufnehmenden. Ein neuer Lernzyklus beginnt.

Wenn Sie jetzt glauben, ich hätte übertrieben, so irren Sie sich. Grundsätzlich bewegt sich jeder Mensch nach diesem Lernmuster.

Das Grundhoroskop (Radix) hat auf den Lern*ablauf* tatsächlich keinen Einfluß. Jeder muß in einer beweglichen Phase wieder zum Neugierigen werden, auch wenn er beispielsweise im Radix eine kardinale Sonne hat, also ein Widder, ein Krebs, eine Waage oder ein Steinbock ist. Wahrscheinlich tut er sich schwerer als jemand mit einer Zwillings-, Jungfrau-, Schütze- oder Fische-Sonne, aber diese müssen ihrerseits in einer kardinalen Phase genauso ungewohnt lernen, Einfluß auszuüben.

Das große Lernmuster beweglich – fest – kardinal ... ist dem Grundhoroskop übergeordnet. Dieses bestimmt aber wiederum, welche Phasen für das individuelle Erleben besonders wichtig sind und der Selbstfindung dienen (s. a. Kapitel 4).

Jeder Mensch lernt nacheinander den „gesamten Atemzug". Dabei liegen ihm bestimmte Teile mehr als andere. Zu einem bewußten Leben (Lernen, Atmen) gehört aber die Gleichwertigkeit aller Teile. Der weiter entwickelte Mensch nimmt deshalb jede Phase von alleine, freiwillig und dankbar an. Er wird weder krampfartig überziehen noch voreilig sein. Er atmet tief und ruhig. Er ist im Gesetz, weil er um die Dinge weiß.

Fragen Sie sich einmal, welche Lernphase Ihnen am schwersten fällt, und Sie haben damit einen wichtigen Zugang, um Ihre Ganzheit zu finden.

Zum Abschluß möchte ich Ihnen noch eine weitere Deutung für die Lernphasen anbieten:

Ärzte behaupten, daß der typisch flache Atem des alten Menschen, der auch Lungenprobleme mit sich bringt, darin begründet ist, daß man während seines Lebens zu flach *ausgeatmet* hätte. Damit behaupten die Ärzte, daß das Ausatmen die Qualität des gesamten Atmens bestimmt.

Der Astrologe kann beobachten, daß fast alle Menschen an der kardinalen Phase festhalten. Jeder will diese verlängern, egal wie schwer ihm das fällt.

Warum ist das so?

Wir finden in alten Einweihungsschulen immer verschiedene Grade, die Lernstufen entsprechen und ein bestimmtes Bewußtsein ausdrücken. Die Freimaurerei kennt zum Beispiel den Lehrling, den Gesellen und den Meister.

Setzen wir unsere bewegliche Phase mit dem Lehrling gleich, hier muß ausschließlich angenommen werden, dann ist die darauf folgende feste Phase eine Entsprechung für den Gesellen. Hier darf Bindung eingegangen werden, also Bezug genommen werden. Die kardinale Lernphase entspricht dem Meister. Hier werden Anweisungen erteilt. Hier wird Autorität gelebt. Dieses Bild gäbe eine Erklärung dafür, warum der Mensch freudvoll zum Gesellen wechselt, pflichtvoll zum Meister, aber gar nicht vom Meister zum Lehrling werden will.

Weiterhin finden wir eine Erklärung für das Wesentliche des Kardinalen. Der Bewußtseinsgrad des Meisters bestimmt den des Gesellen und des Lehrlings. Der Meister vergibt die Grade und macht sich selber, wenn er ein wahrer Meister ist, immer wieder zum Schüler.

Lernen durch Wiederholung

Falls Sie jetzt meinen, daß Sie das niemals lernen, kann ich Sie beruhigen. Die Natur verlangt weder Geniestreiche noch kennt sie Zeitdruck.

Wenn Sie in diesem Jahr im Solar zum Beispiel ein *Stier*ziel haben, könnten Sie vor vier Jahren auch eines gehabt haben und in vier Jahren ebenfalls. Sie befinden sich in diesem Falle in der Mitte der Wiederholung.

Gehen wir davon aus, daß jedes Solarziel im Schnitt dreimal (2-4mal) gelebt werden muß, so haben wir durchschnittlich drei Anläufe, um zu lernen, was zum Beispiel „Stier" aussagt.

Anschließend folgen ungefähr zwanzig Jahre „Stierpause", darauf wieder drei Stieranläufe usw.

Mit etwas Abstand betrachtet sind die Jahre mit gleichem Solarziel direkte thematische Folgen. Es sind die Stufen einer Treppe, zum Beispiel der *Stier*treppe.

Wenn Sie Tagebuch führen, könnten Sie bemerken, daß Ihre Lebenssituation vor vier Jahren ganz ähnlich war, zum Teil verblüffend ähnlich.* Wir knüpfen alle vier Jahre an dem alten Band wieder an. So knüpfen wir einen Schicksalszopf mit vier Strängen.

Man kann beobachten, daß die ersten vier Jahre in einer neuen Phase sozusagen dem Kennenlernen der vier neuen Lernziele dienen. In dieser Zeit ist die vorher beschriebene Erfahrung der Lernwechsel vorrangiger als das einzelne Solarziel. Man benimmt sich wie ein Schüler (Lehrling), der neue Fächer bekommen hat, erstaunt, vielleicht willig, aber nicht sehr verständig.

Während der ersten Wiederholung der vier Lernziele ist man schon vertrauter, faßt Fuß, erkennt Bezüge. Jetzt ist der Lernwechsel nicht mehr wichtig, sondern das einzelne Lernfach (Solarziel). Man ist fortgeschritten (Geselle).

Während der dritten und letzten Wiederholung der vier Solarziele hat man dann die Chance zur (kleinen) Meisterung.

* Aufgrund der Gültigkeit eines Solars (s. Kap. 1) können diese ähnlichen Ereignisse in Abständen von 3-5 Jahren aufeinander folgen.

In unserem Beispiel vom Stiersolarziel könnte jemand beim ersten Mal arge finanzielle Probleme haben, mit denen er das ganze Jahr verbringt. Am Ende des Jahres hat er mit viel Dramatik (Skorpion)* ein winziges Stück Sicherheit (Stier). Die folgenden drei Jahre hat derselbe Mensch zwar auch finanzielle Probleme. Diese stehen aber nicht so zentral in seinem Leben.

Nach vier Jahren ändert sich das. Die alten finanziellen Probleme drängen wieder in den Mittelpunkt. Die Umstände sind wie Kulissen leicht verändert, aber es wird immer noch dasselbe Stück gespielt, und zwar das Thema Stierwertigkeiten und Sicherheiten.

Dieses Mal löst unsere Versuchsperson ihre Situation zum Beispiel mit Heirat (Skorpion), die ihr Sicherheit und Wert (Stier) geben soll. Alles scheint gelöst. Zumindest für drei Jahre. Dann melden sich die alten Geister wieder. Die Ehe erscheint unserer Person zum Beispiel gar nicht mehr so aufwertend. Teuer ist sie auch. Man ist trotz Ehe genauso verschuldet wie vorher. Das Vertrauen in den Ehepartner ist erschüttert.

Unsere Person muß sich unweigerlich dem dritten Lernschritt Stier stellen. Sie hat die Wahl zwischen der kleinen Meisterung oder dem Double. Sie lernt also entweder, daß Sicherheiten und Werte nur aus einem selber erwachsen können, daß ein Mensch, der sich selbst für wert nimmt, immer auch Werte hat, oder unsere Person entzieht sich dieser Lernchance und versteckt das eigene Lerndefizit hinter den immer möglichen und von der Umwelt akzeptierten Anklagen nach außen: der Ehepartner ist schuld, der Job ist schuld, die Wohnung ist schuld ...

Innerhalb einer Phase im Solarzyklus lernen wir durch Wiederholung. Auch hier kann man drei Stufen (Lehrling – Geselle – Meister) unterscheiden wie auf einer Ebene höher. Sowohl der Lehrling (bewegliche Phase) als auch der Geselle (feste Phase) als auch der Meister (kardinale Phase) lassen sich ihrerseits wieder in Lehrling (die ersten vier Jahre), Geselle (1. Wiederholung) und Meister (2. Wiederholung) unterteilen.

Die große Meisterung (das Leben) ist in kleine Meisterungen (Phasen) unterteilt und diese ebenfalls (3. Wiederholung). Wir

* Um Stierqualitäten zu lernen (Solar-MC) muß man Skorpionqualitäten (Solar-IC) zulassen (s. Kap. 3).

lernen in kleinen Schritten. Der Meister braucht tatsächlich *nicht* vom Himmel zu fallen, sondern er wächst langsam von der Erde aus dem „Himmel“ entgegen*.

Die kleinen Meisterungen beginnen immer im ganz normalen Alltag jedes Menschen, sind immer und überall möglich. Meisterung in diesem Sinne heißt, sich den Dingen selber stellen, um sich in den Dingen zu erkennen.

Nur meine Umstände zeigen mir, wer ich bin, weil ich meine Umstände selbst produziere. Lasse ich mich doubeln, verhänge ich den Spiegel und stehle den einzigen Zugang zu mir.

Lernen im Quadrat

Innerhalb einer Lernphase folgen die Solarziele immer im sogenannten Quadrat aufeinander, beim Lernwechsel immer im Sextil.

Aus der astrologischen Aspektelehre kennen wir die Tatsache, daß bestimmte gradmäßige Abstände zweier Phasen oder Tierkreiszeichen besondere Bedeutungen haben. Dabei gilt das Trigon (120 Grad Abstand) als harmonisch, das Sextil (60 Grad) ebenfalls. Das Quadrat (90 Grad) ist der Spannungsaspekt überhaupt. Diese Kenntnisse führten früher dazu, daß alle Quadrate schlecht waren. Inzwischen ahnen wir, bedrängt durch unsere eigenen Umstände, daß Spannungen gelöst werden wollen, umfunktioniert werden wollen in Erkenntnis. Deshalb gelten in der modernen, psychologisch unterstützten Astrologie Quadrate als Entwicklungspotentiale, wenn sie auch zuerst einmal schmerzen.

Das Gesetz der Solarziele zeigt nun, daß die Natur selber uns in Quadraten lehrt und wir in Quadraten lernen.

* Das gilt nach meiner Meinung für einen Menschen, der noch nie Meister war. Ich glaube weiter, daß gerade heute sehr viele „ehemalige“ und „gefallene“ Meister inkarnieren. Diese „erinnern“ sich plötzlich an ihr bereits vorhandenes Wissen und scheinen dann tatsächlich vom Himmel zu fallen.

Die Jahre folgen vom Solarlernziel aus gesehen quadratisch aufeinander. Hierin liegt auch der Grund, warum auf das Jahr bezogene Menschen ihr Leben als ständige Herausforderung leben.

Diese Haltung findet ihren Ausdruck in dem Geburtstagsseufzer „schon wieder ein Jahr älter“ oder in der Angst „was uns wohl das nächste Jahr bringen wird“. Solange ein Mensch so denkt, muß sein Leben disharmonisch sein. Fixieren wir uns als einzige Dauer auf das Jahr, erleben wir stets Quadrate, also Sprünge. Wir erleben so niemals die Ganzheit des Tierkreises.*

Das Kind kann sich ein Jahr nicht vorstellen, der alte Mensch fliegt über die Jahre und lebt in größeren Abschnitten. Beide sind sie der „Quadratur“ entzogen und leben im Einklang mit der Seele, es sei denn, sie kopieren bereits oder noch immer den jahresbezogenen Erwachsenen.

Der Erwachsene kann sich tatsächlich das Jahr am besten vorstellen. Wie kann er nun dem Gefühl der Disharmonie entgehen?

Das Jahr gibt die Lösung selber vor. Anstatt ein Jahr zu leben, kann man ein Jahr erleben. Man lebt dann zweimal zwölf Stunden pro Tag. Das Tageskreuz wandert einmal durch den gesamten Tierkreis. Wir erleben eine Ganzheit. Man lebt weiter zwölf Monate pro Jahr. Die Sonne läuft durch alle Tierkreiszeichen. Wir erleben wieder eine Ganzheit.

Wenn man so erlebt, ist auch das Jahr selber nur ein Teil einer noch größeren Ganzheit, beispielsweise der Lernphase, die mit ihren idealerweise zwölf Jahren genau dem Umlauf des Jupiter entspricht.

Die Natur lehrt uns in Quadraten, aber sie zeigt uns auch, daß jede erweiterte Sicht augenblicklich die scheinbare Quadratur überwindet und in eine neue Ganzheit einfließt.

* Wer auf die Woche fixiert ist, also von Woche zu Woche lebt (viele Berufstätige), erlebt ausschließlich seelische Spannungen (Mond-Quadrat).

KAPITEL 3

Der Lernstoff: Was lernen wir?

Der Tierkreis als Symbol

Der Tierkreis ist ein sehr vielschichtiges Symbol. Wer darin lesen kann, erhält auf jede Frage eine Antwort. Wir wollen den Tierkreis zuerst danach befragen, was Leben eigentlich alles sein kann. Dann werden wir fragen, was unsere Lernziele sind und wie wir sie überhaupt erkennen können.

Der Tierkreis ist ein Ur-Symbol. Er ist einerseits ein getreues Abbild des Ganzen, Einen, Ungeteilten – andererseits eine Aneinanderreihung unserer zwölf Lernziele, wenn auch in einer anderen Reihenfolge, als wir sie vom Lernzyklus her kennen.

Im Tierkreis reihen sich die Tierkreiszeichen so aneinander, daß ihre Abfolge eine Verschlüsselung unseres Lebenslaufes beziehungsweise unserer Sinnsuche ist. Dabei spielt die Richtung des Tierkreises eine wesentliche Rolle. Der Tierkreis hat *zwei* Richtungen.

Die eine uns bekanntere nennen wir deshalb auch „in Richtung des Tierkreises". Diese wird uns durch die *sichtbare* Bewegung aller Planeten einschließlich Mond vorgegeben. Alle Planeten wandern vom Widder in den Stier, in die Zwillinge bis hin zu den Fischen. Diese „normale" Richtung ist im Tierkreissinne, aber gegen den Uhrzeigersinn.

So numerieren wir die astrologischen Häuser, die verschiedenen Lebensbereichen entsprechen. So erleben wir den Ablauf unseres Lebens:

Zuerst sind wir ins Leben hineingeworfen und kämpfen um unsere Existenz (Widder). Wir wachsen heran und sichern uns unseren Teil (Stier), fragen und stecken unsere Nase überall hinein (Zwillinge). Wir melden Wünsche und Sehnsüchte an, die uns das Leben erfüllen soll (Krebs), werden egozentrisch und prahlend (Löwe) und übernehmen schließlich eine nicht zu umgehende Pflicht (Jungfrau). Wir werden berufstätig und tragen unser Kreuz mit hörbarer Anklage. Endlich begegnen wir dem anderen, der uns erlösen soll, packen unsere Wünsche auf seine Schultern und spiegeln unsere Eigenliebe in ihm (Waage). Wir bauen uns Gemeinsames auf, um den anderen sicherer zu binden (Skorpion). Gemeinsam suchen wir Freude und Zerstreuung* im Leben (Schütze) und wagen es schließlich, nach unserem Lebensziel zu greifen, das uns wenigstens einen Teil unserer Wünsche erfüllen soll, das uns Ansehen, Statussymbole – schlicht Erfolg bringen soll. Wir strengen uns an, schonen weder uns noch andere (Steinbock). Wir halten das für die Krönung unseres Lebens, festigen unsere Position und halten uns endlich für ein akzeptiertes Mitglied der Gesellschaft (Wassermann). – Der Schritt zum Loslassen fällt uns schwer und wird weit nach hinten geschoben (Fische). Irgendwann können wir nicht mehr mithalten. Wir ziehen uns beleidigt und verbittert zurück. Schließlich geben wir auf und träumen von neuen Anfängen (Widder) …

„Nichts wird einem gedankt! – Man müßte eben noch einmal zwanzig sein …"

Bevor Sie protestieren, gebe ich freiwillig zu, daß mein Beispiel eine niedere Form ist, sein Leben zu leben. Trotzdem enthält der Tierkreis auch diese Ebene. Es ist eine *ichbezogene materielle Orientierung,* die ich mit Absicht an den Anfang gestellt habe.

Wer lernen will, sich also erheben will, sollte wissen, worüber er sich erheben will. Die höhere Schwingung baut immer auf der niederen auf. Das Dach wird vom Keller getragen. Also schauen wir uns zuerst den Keller an.

Natürlich läßt sich der Tierkreis auch in einer anderen Form leben. Über viele Zwischenstufen gelangt der Mensch schließlich zu einer *du-bezogenen seelischen Orientierung* seines Lebensablaufes.

Auch diese Ebene ist im Tierkreis vorhanden:

Zuerst ist der Mensch ins Leben geworfen und existiert (Widder). Er wächst und genießt seinen Zuwachs als sichernden Wert (Stier). Er forscht und stellt Fragen (Zwillinge) und sehnt sich nach Familie, Geborgenheit und nach einer ihm verwandten Seele (Krebs). Er entdeckt seine Eigenarten, seine Lust am Leben, seine Lust am Zeugen von Leben (Löwe), findet eine Pflicht, die ihn ernährt (Jungfrau) und begegnet endlich seiner Ergänzung, in die er sich sterblich verliebt (Waage). Hand in

* Man braucht zunehmend mehr Ablenkung, um die inneren Zweifel zu zerstreuen.

Hand beschützen sie sich vor ihren gegenseitigen Ängsten (Skorpion) und finden zu einer existentiellen Gemeinsamkeit. Jeder ist Sinn für den anderen (Schütze) und jeder übernimmt die volle Verantwortung für den anderen (Steinbock). Beide sind ein gesellschaftliches Vorbild und geben ihre Erfahrungen großzügig an andere ab (Wassermann). Angefüllt voneinander ziehen sie sich endlich zurück, um nur noch einander zu dienen (Fische). Ein Anfang ohne den anderen ist nicht mehr denkbar (Widder).

... und wenn sie nicht gestorben sind, dann leben sie gemeinsam noch heute.

Wir würden diese zweite Möglichkeit sicherlich höher einstufen als die erste, allein schon deswegen, weil die rein materielle Ebene zugunsten einer Du-Zuwendung („Liebe") aufgegeben wird. Wer aber auch ohne meinen etwas sarkastischen Nachsatz ein Gefühl von Süße und Künstlichkeit nicht unterdrücken konnte, dem sei zur Erleichterung gesagt, daß wir im zweiten Beispiel der Wahrheit nicht einen Zentimeter nähergekommen sind.

Wir haben uns zwar *sichtbar* nach vorne entwickelt, uns in gewisser Weise kultiviert – aber das ist es ja gerade. Wir haben uns eben *nur* nach vorne entwickelt.

Kultiviertheit bekommt der Gemeinschaft, ist eine nette Äußerlichkeit. Man kultiviert Pflanzen zu unserer Freude, aber die Pflanzen brauchen das nicht. Wir kultivieren uns zu unserer Freude, aber wir brauchen das ebensowenig.

Um hier gleich einem Mißverständnis vorzubeugen: Ich meine damit nicht, daß man im äußerlichen Freistil der Wahrheit näher wäre.

Kultiviertheit schadet nicht, ersetzt aber auch nicht die Sinnfindung. Den Sinn oder die Wahrheit findet man niemals in der Fassade, in den Äußerlichkeiten. Wahrheit bedingt immer ein Umkehren, ein Zurück.

Kehren wir also um.

Die andere Richtung des Tierkreises, die wir „gegen den Tierkreis" nennen, die aber im Sinne des Uhrzeigers ist, ergibt sich astronomisch aus den *nicht sichtbaren,* aber dennoch existenten Vorgängen. Zum Beispiel wandert der Frühlingspunkt gegen den Tierkreis, also von Fische zum Wassermann zum Steinbock bis zum Widder. Auch die Mondknotenachse wandert immer in dieser Gegenrichtung. An den Beispielen müßte eigentlich schon deutlich werden, daß die Gegenrichtung im Tierkreis irgendwie wesentlich sein muß, ist sie doch mit Seele (Mondknotenachse) und Zeitgeist (Frühlingspunkt) verknüpft.

Die umgekehrte Richtung im Tierkreis ist tatsächlich die wesentliche Richtung. Hier geht es um das Wesentliche. Deshalb gibt es für diese Richtung nur eine einzige Deutungsebene. Der umgekehrte Tierkreis steht in seiner Abfolge für die Sinnsuche des Menschen:

Zuerst ist der Mensch ins Leben geworfen (Widder), aber er erinnert sich noch einige Zeit an das VORHER. Er lebt deshalb in Einklang mit seinen Träumen, seiner Phantasie und er weiß um sein Karma (Fische). Er ist noch an seine Vergangenheit gebunden.

Dann wird der Mensch in die Gesellschaft und deren Regeln eingeführt, die er erlernen und respektieren muß (Wassermann). Er ist in die Gruppe aufgenommen und wird am Ende seiner Lernzeit erwachsen und für voll verantwortlich erklärt (Steinbock). Der Mensch ist einsam, allein und vollständig von seiner Erinnerung abgeschnitten.

Er geht auf die Wanderschaft und sucht sich überall (Schütze). Sein Optimismus verebbt. Der Weg wird immer dunkler und führt ihn schließlich in seine eigene Hölle (Skorpion). Der Mensch ist gefangen. Es gibt keinen Ausweg. Er weiß nicht mehr weiter. Er gibt sich auf, gibt alles auf und läßt los – in diesem Augenblick strandet er an einem ruhigen Ort. Alles ist vereint, alles ist leicht, alles ist licht.

Es gibt kein oben und unten, kein hell und dunkel. Alles ist eins. Alles ist, so wie es ist, in vollkommener Ausgeglichenheit (Waage).

Die Suche ist beendet. Es beginnt der Weg.

Der Mensch übernimmt seine Aufgabe und trägt sein Kreuz mit Hingabe, denn er hat es selber bestimmt (Jungfrau). Er wird zum Schöpfer seines Lebens und verwirklicht sich selber (Löwe). Seine Freude ist unaussprechlich.

Er findet endlich den Zugang zu seiner verlorenen Erinnerung (Krebs). Der Mensch weiß jetzt um die Welt (Zwillinge) und kann wieder zum Kind werden. Er hat sein Paradies *in* der Welt gefunden (Stier) und kehrt dahin zurück, woher er kam.

Er geht ein in seinen eigenen Anfang (Widder).

Der Tierkreis zeigt in der gebräuchlichen Richtung *viele* Wege unseres äußeren Lebens (Exoterik), in der anderen Richtung einen einzigen Weg unseres inneren Lebens (Esoterik). Vielleicht fragen Sie sich, warum wir immer beim Widder beginnen. Eigentlich haben wir die Antwort schon gefunden: Der Widder ist das kardinale Feuerzeichen!

Im Widder vereinigt sich der Meister (kardinal) mit dem Lebensfunken (Feuer). Der Meister selber zündet das Leben an. Deshalb beginnt alles im Widder.

Im Solarzielzyklus verbinden sich beide Tierkreisrichtungen. Außen und innen fließen ineinander. Beobachtet man also seine Solarziele über die Zeit, so lernt man einerseits (Quadrate) und atmet andererseits unweigerlich seinem Sinn entgegen!

Ich habe immer gefunden, daß die Natur außerordentlich ökonomisch und konstruktiv ist, dabei einfach und einzigartig.

Der Tierkreis als Stoffsammlung

Nachdem wir erfahren haben, was Leben alles sein kann, könnten Sie auf den Gedanken kommen, brav den Tierkreis abzulernen. Sie werden aber erfolglos bleiben.

Wie jedes Ganze mehr ist als die Summe seiner Teile, ist auch der Tierkreis mehr als die Summe von zwölf Tierkreiszeichen und Leben mehr als das Erlernen von zwölf Themen.

Lernen Sie also intensiv Widder, Stier, Zwillinge oder auch umgekehrt, werden Sie niemals zu leben lernen, geschweige denn irgendeinen Sinn erfahren!

Die Tierkreisabfolge kann zwar gedeutet werden, ist aber keine Lernabfolge, eher eine Aneinanderreihung von Gegenschritten, die ziemlich unharmonisch im Leben aufeinander folgen. Jeder Astrologiekundige weiß, daß die direkt aufeinander folgenden Tierkreiszeichen eine Art Gegensatz darstellen.

Die Tierkreisabfolge ist erst einmal eine reine Stoffsammlung, sozusagen die Präsentation unserer zwölf Lernfächer.

Wie können wir diesen magischen Kreis aufbrechen und ihn in lernverdauliche Stücke teilen?

Das Solarzielgesetz gibt uns die Antwort. Wir lernen immer nur bewegliche, feste oder kardinale Ziele zur gleichen Zeit.

Also holen wir uns nur die beweglichen, nur die festen, nur die kardinalen Tierkreiszeichen aus dem Tierkreis. Machen Sie das einmal genau so.

Sie werden sehen, wie Sie *Kreuze* aus dem Ganzen nehmen!

Die vier beweglichen Tierkreiszeichen bilden das bewegliche Kreuz, die vier festen das feste Kreuz, die vier kardinalen das kardinale Kreuz.

Der Zugang zum Tierkreis erfolgt immer über das Kreuz. Es gibt keinen anderen Weg, sich hineinzuschummeln.

Erst über die Erfahrung aller drei Kreuze* eröffnet sich uns die Sinnhaftigkeit des ganzen Tierkreises und damit auch die der direkten Tierkreisabfolge.

Das Kreuz des Lernens

Über das Kreuz haben wir Zugang zum (Tier-)Kreis. Über das Lernen (drei Kreuze) haben wir Zugang zum Leben (Kreis). Dabei gibt es keinen Übergang. Beides ist vollkommen identisch. Die drei Lernkreuze sind der Tierkreis. Es ist unsinnig zu unterscheiden, „jetzt lebe ich und ab hier lerne ich".

All-Tag ist eben alle Tage.

Warum leben so viele Menschen anders, warum lernen so viele Menschen anders?

Niemand von uns kann *auf Anhieb* sein Kreuz tragen. Das konnte nicht einmal Jesus Christus. Wir alle gehen sehr lange um das Kreuz herum und müssen dann einige Male *anheben*.

Die Zeit des „Um-das-Kreuz-Herumgehens" ist die Zeit des Ablebens und Ablernens eines Solarzieles nach dem anderen.

* Auf Golgatha standen drei Kreuze.

Es ist die Zeit der Jahresfixierung, die Zeit des Lernens im Quadrat. Hier lernt ein Mensch in der festen Phase eben ein Jahr Stier, im nächsten Jahr Löwe, dann Skorpion, dann Wassermann.

Er lernt und lebt das getrennt und ohne Bezug zueinander. Nach vier Jahren ist er einmal um ein Kreuz herumgegangen, nach weiteren vier Jahren wiederum, aber er sieht das gar nicht. Die meisten Menschen leben so und trennen damit die Elemente, die im Kreuz immer vereint sind!

Trennt man aber in seinem Erleben Feuer, Erde, Luft und Wasser, dann trennt man auch die Ganzheit des Seins. Man trennt unweigerlich die Freude (Feuer), das Tun (Erde), das Erkennen (Luft), das Erfahren (Wasser). Der Mensch hat das Kreuz zerbrochen und damit den Sinn verloren. Jetzt kann er nur noch ohne Freude tun (Alltag), oder ohne Tun sich freuen (Feiertag). Er erkennt ohne Erfahrung (Wissenschaft), erfährt ohne Erkenntnis (Schicksal, Zufall) ...

Er lebt von Jahr zu Jahr, von Solarziel zu Solarziel immer in der Hoffnung, es werde besser. Er ist schon ein armer Tropf, der Mensch, der um sein Kreuz herumschleicht. Aber schneiden wir nicht so auf.

Irgendwie schleicht jeder Mensch immer einmal wieder oder auch fast nur um sein Kreuz herum. Wenn wir erkennen, daß wir um ein Kreuz herumgehen, ist der erste Schritt zur Sinnfindung bereits getan.

Der Solarzielzyklus hilft uns dabei. Man kann nämlich auch sagen, daß er die Beschäftigung mit einem Kreuz über vier Jahre hinzieht. Betrachten wir diese vier Jahre als eine Einheit, so richten wir das zerbrochene Kreuz langsam in einem uns angemessenen Tempo wieder auf. Hat man das nur ein einziges Mal vollständig getan, so kann man in einem zweiten Schritt das Kreuz auch in jedem beliebigen Zeitabschnitt sehen, ja sogar in jedem Augenblick.

Lernen ist nicht nur ein Kreuz im eigentlichen und im übertragenen Sinne, Lernen ist auch ein mit vielen Emotionen und Bewertungen überhäufter Begriff.

Rücken wir einiges zurecht:

Wenn ich im Vorwort davon sprach, daß Lernen Luft ist und Leben Feuer, so muß ich das noch in Bezug setzen zum ganzheitlichen Lernen als Kreuz.

Wir benutzen das Wort Lernen für verschiedene Vorgänge, die zueinander ein Verhältnis haben wie das Ganze zu seinen Teilen. Es gibt ein Lernen, das wir einander durch das mündliche oder schriftliche Wort weitergeben. Das ist der Luftanteil des ganzheitlichen Lernens. Es ist das *intellektuelle* Lernen.

Es gibt ein Lernen, das wir einander durch Vormachen weitergeben. Das ist der Erdeanteil des ganzheitlichen Lernens. Es ist das *praktische* Lernen.

Es gibt ein Lernen, das wir einander durch Vorbild-sein weitergeben. Das ist der Feueranteil des ganzheitlichen Lernens. Es ist das *animative* Lernen.

Es gibt ein Lernen, das wir einander durch Hinwendung weitergeben. Das ist der Wasseranteil des ganzheitlichen Lernens. Es ist das *charakterliche* Lernen.

Das ganzheitliche Lernen, das identlisch ist mit Leben, beinhaltet immer alle vier Lernteile zusammen. Wenn das Leben selber lehrt, zum Beispiel auf der Wanderschaft, begegnet man unweigerlich allen vier Lernformen. Man ist dann nicht so sehr intellektuell gebildet, dafür gleichmäßiger und ganzheitlicher.

Unsere moderne Gesellschaft ist nur möglich durch einen starken Überhang an intellektuellem Wissen und Lernen. Überall wird der Luftanteil gefördert. Er ist von allen vier Lernteilen am leichtesten weiterzugeben und zu vervielfältigen.

Ich will hier nicht erörtern, ob das nun sinnvoll ist oder nicht. Es ist eine Tatsache. Auch dieses Buch ist hauptsächlich „Luft". Vielleicht blitzt ab und an ein wenig Feuer durch die Worte, und Sie fühlen sich animiert. Mehr ist nicht möglich.

Selbst wenn ich Zeichnungen anfertige, Checklisten angebe und meine gesamten Seelenqualen über Sie ergieße, so bleibt das doch immer nur „Luft".

Im Grunde ist uns das allen bekannt. Wir sagen, Bücher müssen umgesetzt werden ins LEBEN. Nur dann bekommen sie Beine.

Was wir über das ganzheitliche Lernen gesagt haben, gilt genauso für das Leben. Auch ganzheitliches Leben hat astrologisch gesehen vier Teile. Davon ist der Feueranteil besonders ansteckend, so daß man das Leben gerne aus seinen Feueranteil reduzieren möchte und das dann auch „Leben" nennt. Das ist nicht falsch, aber auch nicht ganzheitlich.

Lernen ist ein Kreuz. Lernen ist Leben. Lernen heißt ins Leben hineingehen. Das Kreuz findet man nur *mitten* im Leben, nicht am Rande. Ganzheitliches Lernen ist deshalb immer sattes Leben. Dabei behält man keine sauberen Hände. Wer sich nicht schmutzig machen will, lernt höchstens den Luftanteil und diesen wahrscheinlich auswendig. Niemals aber erkennt er sein Kreuz und damit sich selber.

Lernen ist eine *innere* Angelegenheit, höchst individueller Natur, die sich an *äußeren* Dingen festmacht. Das Lernergebnis ist immer das innere, nicht das äußere. Deshalb kann man niemals vom äußeren Ereignis auf das innere Erlebnis schließen. Eine Scheidung z. B. ist ein äußeres Ereignis, das bei dem einen ein inneres Erlebnis von Freiheit, bei dem anderen eines von Angst, bei dem nächsten von Alleinsein ... erzeugt.

Lernen ist kein Zustand, Lernen ist ein Vorgang, der zuerst nach unten führt und dann nach oben. Die Entwicklung jedes Menschen beginnt unten, also im Keller der verdrängten Wünsche und Verhaltensmuster. Auch wenn wir die Verdrängungen durch Bewußtwerdung (Hinschauen) verwandelt haben, bleiben wir noch im „Keller", denn wir finden nur hier den Zugang zu unserer Seele.

Die Seele ist symbolisch immer *unten.* Wir finden sie tief in uns verborgen und auf die Vergangenheit ausgerichtet. Der Geist ist symbolisch immer *oben.* Er ist ewig, unveränderlich und zeitlos. Er ist zuerst außerhalb von uns. Unten und oben sind in diesem Zusammenhang deskriptive Begriffe und keine Wertungen.

Sich entwickeln heißt, die Seele finden und sie nach oben bringen. Das geht aber nur, wenn man die Inhalte der Seele neu versteht. Die Seele ist ein Sammelbecken aller je gemachter Erfahrungen. Die wiedergefundenen Anteile der Seele lassen sich nach oben bringen, also bewußtmachen mit Hilfe des Geistes außerhalb. Im Moment der Bewußtwerdung (Erinnerung) verbinden sich die Seelenanteile mit den ihnen adäquaten Geistesanteilen, und der Mensch ist ein Stück „ganzer".

Ausgangspunkt der Entwicklung ist stets die Seele. Ein Mensch entwickelt sich immer nur in dem Maße, indem er seine Seelenanteile „nach oben" bringt. Der Geist fällt nie von alleine auf den Menschen. Der Geist verbindet sich nur, wenn die Seele ihn zieht. Entwicklung ist deshalb weder rein intellektuell noch rein intuitiv. Entwicklung zielt auf die eine große Vereinigung (Hochzeit) von Seele und Geist im Körper. Dabei ist der Weg gepflastert mit vielen kleinen Vereinigungen, die wir schlicht Lernen nennen können. Lernen in diesem Sinne beantwortet also immer einen Teil der Fragen, „wer bin ich?“, „woher komme ich?“, „wohin gehe ich?“

Lernen ist kein gerader Weg, Lernen ist ein Im-Kreise-gehen, genauer eine Spiralbewegung. Man kommt immer wieder auf dieselben Themen, die jedes Mal auf einer anderen Ebene gelebt und gelernt werden wollen. Wir werden gelegentlich von *nieder-* und *höherentwickelten* Menschen sprechen oder von nieder- und höherentwickeltem Erleben. Auch hier ist keine Wertung damit verbunden, sondern das Feststellen einer Schwingungsebene zwischen Materie und Geist. Jedes Tierkreiszeichen kann als Thema auf verschiedenen Wellen empfangen und gesendet werden. Ein niederschwingender Mensch empfängt beispielsweise beim Stier stets die Information „materieller Besitz“. Ein höherschwingender Mensch empfängt vielleicht die Information „Genuß“, ein noch höherschwingender „Erotik“ ...

Da die sprituelle Sensibilität eines Menschen mit höherschwingendem Wahrnehmen überhaupt erst möglich wird, gilt ein Mensch mit diesem Verhalten automatisch als weiter entwickelt und damit als besser.

Man muß hier sehr vorsichtig sein. Der Mensch hat zwar die hochfrequenten energiereicheren Schwingungen, die dem Geist entsprechen, zum Ziel. Seine Entwicklung (Verwicklung) führt ihn aber zuerst tief in die Materie, in die niederfrequenten Schwingungen, hinein. *Erst* der Abstieg in die Nacht, in die Materie, zur Seele, *dann* der Aufstieg zum Geist.

Ein Mensch mit *niederschwingendem Erleben* muß deshalb lange noch nicht *niedrig entwickelt* sein. Ebenso braucht ein Mensch mit *höherschwingendem Erleben* noch längst nicht *höher entwickelt* zu sein. Dieser Fall ist in der Praxis sogar sehr verbreitet. Viele Menschen sind nie wirklich unten gewesen, also tief unten in der Materie. Sie halten sich für höher entwickelt und sehen auf niederes Verhalten herab. Diese Haltung ist ein untrügerisches Zeichen dafür, daß man selber eben nicht höher entwickelt ist. Wer wirklich höher entwickelt ist, kann auf niederes

Erleben nicht herabsehen, weil er auf nichts herabsehen kann, was er auch selber ist!*

Lernen kennt keine Leistung, Lernen kennt keine Beurteilung. Man kann das Thema Stier nicht gut oder schlecht lernen. Man kann Stier nur lernen oder nicht lernen, leben oder nicht leben. Dabei ist die Schwingungsebene, auf der man zum Beispiel Stier zu lernen hat, festgelegt durch die Wahrnehmungsebene, auf der man Stier bisher gelebt hat. Lernen heißt zuerst bilanzieren, sich erinnern, den Faden der Ariadne wiederfinden, sich bewußt werden, wie die Seele zuletzt mit dem Thema Stier umgegangen ist (was sehr oft in frühere Existenzen zurückführt). Lernen heißt nicht, sich von den vom Geiste vorstellbaren Möglichkeiten, Stier zu leben, eine auszusuchen. Sie werden diese vorgestellte Möglichkeit sowieso nicht leben können. Sie wird Ihnen nicht abgenommen werden.

Sie werden schlicht Probleme bekommen, weil Ihrer Lebensebene die seelische Grundlage fehlt. Achten Sie auf die äußeren Ereignisse. Die können sich immer nur so inkarnieren, wie es Ihrer Seele entspricht. Sie inkarnieren sich niemals nach den Vorstellungen Ihres Geistes. Es gibt deshalb keinen besseren Anzeiger der seelischen Bilanz als das, was außen geschieht.

Im Solarzielzyklus entspricht das Bilanzieren theoretisch der ersten Stufe in jeder neuen Phase. Praktisch werden Sie solange bilanzieren, bis Sie die Schwingungsebene bewußt annehmen und erinnern, die dem Zustand Ihrer Seele entspricht. Diese Arbeit wird astrologisch betrachtet für zwölf Lernstoffe parallel und nebeneinander geleistet. Dabei ist es durchaus normal, daß man den einen Stoff schnell bilanziert, den anderen in diesem ganzen Leben nicht. Die Stoffe sind eben mit mehr oder weniger angenehmen Erinnerungen verbunden, so daß wir sie selber unterschiedlich stark verdrängt haben. Ein stark verdrängter Stoff braucht starke äußere Ereignisse, um hochgespült zu werden.

Immer ist das Bilanzieren der erste Schritt des Lernens. Dabei muß man sich meistens tief nach unten bewegen, also auch nach außen niederschwingender, gröber erleben.

In einem zweiten Schritt kann der erinnerte und bilanzierte

* Siddartha im gleichnamigen Roman von Hesse verstrickt sich tief in die Materie, um daraus schließlich den Sinn zu erfahren.

Stoff dann auf eine andere Schwingungsebene gebracht werden. Man nennt diesen Vorgang *Transformation.* Im Solarzielzyklus entspricht er theoretisch der ersten und zweiten Wiederholung eines Lernstoffes. Wie in der Physik läßt sich eine Schwingung sowohl herunter- als auch hochtransformieren, je nachdem ob wir noch weiter in die Materie hineingehen oder aus ihr herausgehen wollen.

Hochtransformieren bezeichnen wir als Erlösung (von der Materie), heruntertransformieren als Fall (in die Materie). Aus dieser Sichtweise, die mir stark vom ausgehenden Fische-Zeitalter geprägt scheint, will sich natürlich jeder hochtransformieren.

Nach meiner Meinung ist die Transformationsrichtung nicht eigentlich wesentlich. Wesentlich ist viel mehr, sich der Transformationsrichtung überhaupt bewußt zu sein. Ich glaube, daß ein wirklich entwickelter Mensch seine Transformationsebenen selber bestimmt. Er ist niederschwingend und hochschwingend. Er ist das gesamte Spektrum aller Tierkreiszeichen und das gesamte Spektrum aller Frequenzen, so wie das weiße Licht das gesamte Spektrum aller Schwingungen ist.

Polarität als Wegweiser

Wir wollen uns jetzt mit den einzelnen Lernstoffen beschäftigen. Dabei werden wir die jeweils vier zu einem Kreuz gehörenden Tierkreiszeichen in einem Abschnitt behandeln. Wir wollen sie aber nicht in der Reihenfolge betrachten, in der sie vom Solarzielzyklus angeboten werden, sondern *achsenmäßig.*

Das hat seinen besonderen Grund, den ich erklären möchte: Wir wissen bereits, daß es drei Kreuze gibt, – das bewegliche, das feste und das kardinale. Wir wissen auch, daß jedes Kreuz alle vier Elemente, also Feuer, Erde, Luft und Wasser zusammenführt. Wenn Sie sich den Tierkreis ansehen, können Sie leicht feststellen, daß immer nur Feuer und Luft oder Erde und Wasser einander gegenüberliegen. Wir nennen gegenüberliegende Tierkreiszeichen oder Elemente *polar.*

Feuer und Luft bilden eine Polarität.

Erde und Wasser bilden eine Polarität.

Feuer ist damit Luft ähnlicher als Erde oder Wasser.
Wasser ist damit Erde ähnlicher als Luft oder Feuer.

Polaritäten sind auseinandergefallene Ganzheiten. Sie sind wie Eingang und Ausgang eines Hauses. Durch beide Türen gelangt man in dasselbe Haus. Durch beide Polaritäten gelangt man zu demselben Thema.

Die zwölf Tierkreiszeichen sind eigentlich sechs Polaritäten. Die vier Elemente sind zwei Polaritäten.

Wir haben davon gesprochen, daß die Seele immer unten ist, der Geist immer oben. Entwicklung heißt, die Seele nach oben zu bringen. Astrologisch steht das Element Wasser für die Seele, Feuer für den Geist*. Die Seele und der Geist sind höchste Gegensätze. Sie sind wie „Wasser und Feuer". Trotzdem wollen sie vereinigt werden. Die Astrologie zeigt uns in den Elementen und den Polaritäten die stufenweise Möglichkeit dazu:

ganzheitlicher Mensch	Feuer ▼ Luft - - - - - - - - - - - - - Erde ▲ Wasser	oben höherschwingend ▲ - - - - - - - - - - - - - ▼ unten niedrigschwingend	sichtbarer Mensch

Im polaren Element *Luft* steigt der schöpferische Geist sozusagen von oben eine Stufe herab und wird zum erkennenden Geist, schlicht zur Erkenntnisfähigkeit.

Im polaren Element *Erde* steigt die Seele sozusagen von unten eine Stufe herauf und wird zur sichtbaren Manifestation, zum Körper, zur Materie.

* Teilt man in die Dreiheit Körper – Seele – Geist, so ist mit Geist das Element Luft gemeint. Feuer ist dann das, was diese Dreiheit zum Leben erweckt, also der Lebensfunke.

Spricht man aber vom Geist als Gegenpol zur Seele, so ist damit das Element Feuer gemeint, im Sinne des schöpferischen Geistes.

Wo Erde und Luft sich real berühren, ist der Lebensraum des Menschen. Hier beginnt sein Leben. Erde und Luft, Körper und Erkenntnisfähigkeit findet er als Anfangsinstrumentarien vor. Damit hat der Mensch die Wegweiser zur Seele und zum Geist von Anfang an in sich. Ihm fehlt noch die Fähigkeit zum Erkennen von Polaritäten. Hat er diese, kann er die Seele als Polarität zu allen seinen körperlichen Gegebenheiten innerhalb seiner und außerhalb seiner erkennen und den schöpferischen Geist als Polarität seiner Erkenntnisfähigkeit.

Polaritäten zu erkennen ist eine Grundvoraussetzung zur Sinnfindung. Die vier zu einem Kreuz gehörenden Tierkreiszeichen sind immer zwei Polaritäten – eine Polarität Feuer-Luft und eine Polarität Erde-Wasser. Deshalb wollen wir in den folgenden Abschnitten unsere Lernstoffe auch in dieser Form kennenlernen.

Die beweglichen Lernstoffe

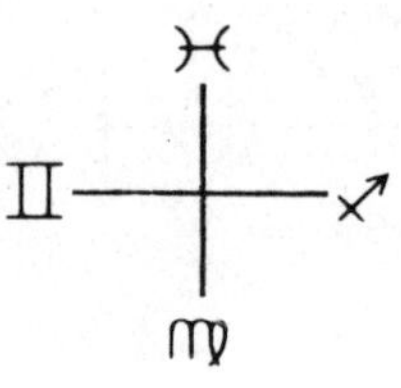

♍	Jungfrau	Erde
♓	Fische	Wasser
♊	Zwillinge	Luft
♐	Schütze	Feuer

Jungfrau – Fische

Die Achse Jungfrau – Fische ist eine Erde-Wasser-Achse. Wir befinden uns unten im Reich der Seele und ihrer Manifestationen. Wir sind *Lehrlinge der Seele.*

Was haben wir zu lernen?

Wir haben Einflüsse anzunehmen, uns Einflüssen auszusetzen, Einflüssen der Seele (Fische) und Einflüssen ihrer körperlichen Manifestationen (Jungfrau).

Im Tierkreis nennt man die Achse Jungfrau – Fische die *Existenzachse.* Es geht nämlich um die Existenz meines Körpers und meiner Seele. Einflüsse von außen scheinen diese Existenz zu gefährden. Fischebetonte Menschen* verlieren sich im Mitleiden und Aufopfern, jungfraubetonte Menschen in Arbeit und Krankheit. Deshalb sorgt sich die Jungfrau um ihren Körper und ihre Lebensbedingungen, der Fisch um seine Seele. Beide sorgen sich eigentlich um dasselbe, aber sie werden es lange nicht merken, sondern sich bekämpfen. Die Jungfrau wird sagen, sie könne sich nicht auch noch um ihre Seele kümmern, denn ihr alltägliches Leben mache ihr genug zu schaffen. Der Fisch wird genau das Entgegengesetzte sagen. Wie könne er sich um so unwichtige Alltagsdinge kümmern, wenn es so viel Leid gäbe. So fixieren sich beide nur auf ihre Sicht und trennen die Polarität. So wird der Fisch zum Träumer und die Jungfrau zum Pedanten. Sie haben sich soweit voneinander entfernt, daß sie selber jede Gemeinsamkeit abstreiten würden. Nichts ist einer Jungfrau lästiger als ein alltagsfremder Fisch, nichts ist einem Fisch lästiger als eine pflichtbewußte Jungfrau.

Trennen wir also auch erst einmal die Polarität Jungfrau – Fische, um sie später mit um so mehr Verständnis wieder zusammenzusetzen.

Jungfrau ist bewegliche Erde. Die Welt der Erscheinungen ist Einflüssen ausgesetzt. Das Ergebnis ist, daß man sich um seinen Körper und alle formellen Manifestationen sorgt, wie Einkommen, Beruf, Wohnung, Altersversorgung, Kinder, Haus, Garten, Miete, den nächsten Urlaub, das Essen zum Wochenende ... und man horcht in sich hinein, ob man etwa krank wird, fördert deshalb seine Gesundheit durch Vorbeuge, Hygiene, Diäten, anerkannte und alternative Methoden, Informationen, Austausch und Wissen jeder Art. Man interessiert und kümmert sich um jedes Detail, jede winzige Einzelheit, könnte sie doch ausschlaggebend sein, könnte doch gerade sie das Loch im Netz der Vorsorge schließen.

So wird die Jungfrau zum Erforscher und Statistiker der Welt der Erscheinungen, die sie ihrerseits mit immer mehr und immer

* Dabei handelt es sich hauptsächlich um Menschen mit der Sonne oder dem Aszendenten in den Fischen.

vielfältigeren Details und Fakten überschüttet, was die Jungfrau wiederum zu neuer Anstrengung veranlaßt.

Irgendwann schaffe ich es, irgendwann habe ich alle Dinge erledigt, alle Fakten gesammelt, alles aufgeräumt, alles geordnet. Irgendwann habe ich alle fremden Einflüsse ausgeschaltet, daran glaubt die Jungfrau fest, und das ist der größte Irrtum ihres Daseins.

Fische ist bewegliches Wasser. Die Seele ist Einflüssen ausgesetzt. Das Ergebnis ist, daß man alles Seelische tief in sich einläßt. Man ist getroffen und betroffen. Es fehlt jede Möglichkeit zur Abschirmung. Man ist ein Sammelbecken der Gefühle der Welt. Dabei setzen sich die leidvollen wie Wasserstein in der eigenen Seele fest. Sie quälen und belasten. Das Leid macht den Fisch zum Opfer. Ihm erzählt man ungefragt seine Sorgen, von ihm verlangt man Nächstenliebe, ihm mutet man unbezahlte Ehrenämter zu, ihn bittet man immer wieder um Hilfe, die er auch immer wieder leistet.

Irgendwann habe ich allen geholfen, irgendwann habe ich das Leid durch meine Opfer besiegt, irgendwann gibt es kein Leid mehr.

Davon träumt der Fisch. Das ist sein Ideal und der größte Irrtum seines Daseins.

Im Endeffekt arbeitet der Fisch unaufhörlich gegen das Leid und die Jungfrau leidet unsäglich unter ihren Sorgen. Die Tierkreiszeichen scheinen vertauscht zu sein. Was man abtrennen wollte, zeigt sich extremer als vorher. Die Psychologie nennt diesen Vorgang Projektion oder Schatten. Die Märchen und Mythen berichten von Ungeheuern, denen für jeden abgeschlagenen Kopf zwei neue nachwachsen. Die Welt ist immer polar. Alles ist Polarität. Das Gesetz der Welt ist Polarität. Der Mensch kann niemals aus diesem Gesetz fallen. Trotzdem versucht jeder, zuerst zu trennen. Er trennt solange, bis die abgetrennten Teile übermächtig werden und ihn zwingen, sich ihnen wieder zuzuwenden. Vielleicht treibt er das Spiel jetzt umgekehrt, wendet sich also dem vorher Abgetrennten zu und verdrängt damit das, was er anfangs annahm. Der extreme Fisch arbeitet für sein Ideal und schimpft auf alle, die nicht mitarbeiten wollen. Die extreme Jungfrau beschwert sich über alle, die sich ihre Sorgen nicht anhören wollen. So schreien sie eigentlich nur den tiefen Sinn der Polarität nach draußen.

Irgendwann wird jedem dieses wechselseitige Verdrängungsspiel unerträglich. Mit jeder Verdrängungsebene wird der abgetrennte Teil extremer, zwanghafter und niederschwingender. Er bohrt sich also immer grober in die körperliche Welt ein. Körper und Psyche (Seele) müssen das Spiel aufgeben. Der Mensch bricht zusammen.

Erinnern wir uns, daß Polarität ein Wegweiser zum Sinn ist. Wer diesen Wegweiser zerbricht, erhält zwei gröbere neue. Wer diese wieder zerbricht, erhält vier noch gröbere ... Die Gesetze des Kosmos sind so schlau, daß sie die Zerstörungswut und Verdrängungslust des Menschen überdauern.

Drehen wir also das Bild einmal um und sehen es so: Wie stark sich der Mensch auch auflehnt, tobt und wütet – seinem Sinn entgeht er nie. Der Sinn ist immer gegenwärtig und drückt sich immer im Menschen aus. Man kann also den Sinn gar nicht verlieren, aber man kann ihn so stark vergröbern, daß man ihn nicht mehr erkennt und in dieser groben Form wohl auch nicht mehr erkennen will.

Die Achse Jungfrau – Fische gibt sich alle Mühe, den Menschen mit seiner Seele in engsten Kontakt zu bringen. Als Fisch sendet sie ihm alle Gefühle im Außenleben, die nach dem Gesetz der Resonanz (wie außen so innen) seinem Innenleben entsprechen. Als Jungfrau sendet sie ihm (zur Sicherheit) dasselbe noch einmal in geronnener Form der körperlichen Erscheinungen. Beides will den Menschen an sich selber erinnern. Ihm aber fällt nichts anderes ein, als diese erinnerungsweisenden Einflüsse möglichst schnell wieder loszuwerden, was natürlich nicht möglich ist.

Jede Wasser-Erde-Achse ist eine Ausdrucksachse der Seele in zweifacher Form – einmal direkt als Gefühlsregung (Wasser), einmal als inhaltsgleiche Manifestation in der Welt der Erscheinungen (Erde). Das „Gespräch", das die Seele mit uns führt, ist auf der beweglichen Wasser-Erde-Achse am intimsten, weil die Seele hier die Gesprächsform der Beeinflussung wählt. Sie „packt uns sozusagen am Kragen, schließt die Tür ab und redet los". Wir können uns weder die Ohren zustopfen noch weglaufen, noch unbeteiligt tun. Die Situation ist vergleichbar mit einem Nichtschwimmer, den man mitten in ein leeres Schwimmbad stellt und dann langsam das Wasser einlaufen läßt. Er muß die Lektion Schwimmen ertragen, ob er das nun lernen wollte oder nicht.

Was hat uns denn die Seele so Wichtiges zu sagen, daß sie diese massive Methode wählt?

Erinnern wir uns an den umgekehrten Tierkreis. Er drückt die zwölf Lebensstufen eines vom Schicksalszwang sich befreienden Menschen aus. Hier finden wir deshalb die wahren Inhalte der zwölf Tierkreiszeichen. In Fische ist die Erinnerung an das VORHER noch vorhanden, in Jungfrau findet der gereifte Mensch seine ureigenste Aufgabe. Das Tierkreiszeichen Fische enthält also die Erinnerung daran, was wir selber mit diesem Leben anfangen wollten. Leider steht dieses einmalig wichtige Wissen dort verschlüsselt in der Sprache des Elementes Wasser. Es spiegelt sich aber auf der *un*getrennten Achse Fische – Jungfrau im Element Erde. Es wird sozusagen herübergebracht in die Welt der Erscheinungen (Jungfrau) und begegnet uns dort als Aufgabe.

Jeder Astrologieanfänger weiß, daß das Tierkreiszeichen Jungfrau mit dem Beruf zu tun hat. Im Zuge der Vergröberung des Sinns ist aus der Aufgabe ein Beruf, ein Job, eine Last geworden.

Nun ist es nicht nur eine alte Weisheit, sondern auch eine Folge des Gesetzes der Polarität, daß man seine Aufgabe nur findet, wenn man sie vorher völlig aus den Augen verloren hat, weil man sie dann eben nicht mehr sucht. Man leidet unsäglich unter der angeblichen Erfolglosigkeit seiner Suche und ist jetzt endlich da angelangt, wo die Sprache der verschlüsselten Aufgabe hinkommt, nämlich im Reich der Gefühle, des Leides (Fische).

Eine Person, die ich sehr gut kenne, lebt zur Zeit in der beweglichen Phase ihres Solarzielzyklus. Als sie das erstemal ein Jungfrauziel hat, ist sie zu Beginn des betreffenden Solarjahres arbeitslos und will eigentlich keine Festanstellung eingehen. Ein früherer Chef ruft völlig unerwartet persönlich an. Am Ende des Solarjahres hat sie wider Erwarten einen Festvertrag unterschrieben. Zwei Jahre später hat dieselbe Person nach dem Solarzielgesetz ein Fischeziel. Sie geht in dieses Jahr mit der

Vorstellung, sich fester an die Firma zu binden und eine gewisse Karriere anzustreben, weil sich ihr eben nichts Besseres anbietet. Die Firma hat Schwierigkeiten, am Ende des Solarjahres ist sie entlassen.

Dieses fast komische Paradebeispiel zeigt, wie Fische (Arbeitslosigkeit) am Ende Jungfrau (Job) erzeugt und Jungfrau Fische.

Unsere Person betreibt selber Astrologie und kann deshalb durchaus darüber lachen.

Wenn Sie eine „Aufgabe" verlieren, so kann das mit hundertprozentiger Sicherheit nicht die gewesen sein, an die sich Ihre Seele erinnert!

Jede Auflösung ist eine Korrektur von geronnener Materie. Ohne dieses Wechselspiel würde kaum ein Mensch jemals seine Aufgabe finden, weil die meisten von uns sich auf dem Wege dorthin aus Sorge und Unglaube an den erstbesten Ersatz klammern.

Ich wäre heute niemals eine schreibende und forschende Astrologin, hätte mich nicht eine viel weisere Gesetzmäßigkeit einige Male aus verkrampften beruflichen Bahnen geworfen. Was damals wie Leid aussah, ist heute die Weichenstellung zu einer für mich sehr viel befriedigenderen Arbeit. Ob das nun meine endgültige Aufgabe ist, werde ich an meinem seelischen Zustand, meiner Umwelt und sogar meinem Portemonnaie erkennen*.

Noch niemals in der Geschichte sind so viele und so sinnentleerte angestellte Berufe geschaffen worden, wie nach dem Zweiten Weltkrieg. Es scheint mir, als korrigiere unsere Zeit diese Entwicklung durch vermehrte Arbeitslosigkeit. Im Wassermannzeitalter ist die Lust ein Grundprinzip, sowie es die Pflicht und Demut im Fischezeitalter war. Wir werden im nächsten Jahrtausend auch von dem Beruf, der uns ernähren soll, eine ganzheitliche Vorstellung haben und den Menschen die Möglichkeit schaffen, ihre Seele einzubringen. Dafür aber muß sich unweigerlich zuerst einmal das Alte auflösen.

* Unsere wahre Aufgabe ernährt uns immer, sogar großzügig und überreichlich. Sie gibt uns die Bedingungen zu ihrer Ausübung, aber sie gibt keinen Konsum, weil sie nichts Sinnloses geben kann.

Das Hauptthema der Achse Jungfrau – Fische ist das Wiedererkennen der einen Aufgabe. Dabei muß diese Aufgabe nicht unbedingt einem bekannten Beruf entsprechen. Das ist sogar in den meisten Fällen nicht so. Es steht in Fische nicht verschlüsselt, daß man Oberjustizrat, Filialleiter oder 2. Sekretär werden will. Es steht in Fische verschlüsselt, daß die Seele mitklingt, wenn man Musik hört, wenn man schlichten kann, wenn man beobachten kann, wenn man ordnend wirken kann ... und so wird man dann Musikkritiker, Richter, Wissenschaftler, Polizist. Aber man hätte auch Stehgeiger, Rausschmeißer, Klatschkolumnist, Eiersortierer werden können. Es geht also um die seelische Qualität einer Aufgabe, nicht um ihre Bezeichnung. Ich bin fest davon überzeugt, daß sich gerade heute viele Seelen wiederverkörpern, die eine Aufgabe erfüllen wollen, die es vielleicht noch gar nicht so gibt, an deren Erschaffung diese Seelen aber mitarbeiten. Viele Berufe des Umweltschutzes und der Elektronik fallen darunter, aber auch Berufe in der alternativen Medizin, die dann im wahrsten Sinne des Wortes Aufgabe werden.

Die Aufgabensuche ist eine wesentliche Grundlage der Sinnfindung überhaupt. Sie ist als Thema in unserem Leben immer vorhanden, wie alle anderen Themen auch, die wir noch besprechen werden. Deshalb „finde" ich meine Aufgabe nicht unbedingt in einem Jahr mit Jungfrau- oder Fischesolarziel.

In Jahren mit einem Jungfrau- oder Fischesolarziel ist der Scheinwerfer unserer Wahrnehmung dirkt auf das Thema Aufgabe gerichtet. Ein Ziel oder MC ist in einem Horoskop genau der Punkt, der *offen* über uns zutage tritt. Alle Aufmerksamkeit ist auf diesen Punkt gerichtet. So bündelt sich das Erleben in diesen Jahren auf das Thema Aufgabe.

In Jahren mit einem Jungfrausolarziel wird Ihnen eine Lektion in Sachen Job/Beruf/Aufgabe erteilt. In Jahren mit einem Fischesolarziel lösen sich voreilige materielle Verkrustungen auf. Es ist durchaus notwendig, daß man dabei leidet.

Vielleicht erwarten Sie Ihre bewegliche Phase demnächst, sind aber, wie Sie meinen, in einer festen und glücklichen beruflichen Situation. Nehmen Sie diese Phase als Überprüfung und Herausforderung. Niemals löst sich etwas Wahres auf. Deshalb vielleicht auch Ihr Beruf nicht, wenn er eine Aufgabe ist.

Polare Entsprechungen:

Jungfrau ♍	Fische ♓
Job	Arbeitslosigkeit
Beruf	Stellenwechsel
*Auf*gabe	*Hin*gabe

Abschließend noch ein paar vervollständigende Gedanken: Job und Beruf werden von der Gesellschaft gegen Bezahlung und Vertrag geboten. Die Aufgabe gibt man sich selber, und man findet sie überall. Man muß deshalb nicht berufstätig sein oder es zwanghaft werden. Die Aufgabe muß weiterhin nicht direkt gegen Bezahlung stattfinden, aber sie bringt immer vielfältige Möglichkeiten der Ernährung mit sich. Die Aufgabe braucht auch nicht unbedingt einen Arbeitsvertrag oder sonstige Regelungen, da man um eine Aufgabe nicht streiten kann. Eine Aufgabe steht außerhalb jeder Konkurrenz, auch außerhalb von Neid und Mißgunst. Aufgaben können sich niemals überschneiden oder behindern, und sie unterliegen auch keiner Marktlage. Nur der Aufgabeninhaber selber erkennt überhaupt seine Aufgabe, wenn sie ihm begegnet, niemals ein Außenstehender. Mensch und Aufgabe sind wie Schloß und Schlüssel, einmalig und einzigartig.

Viele Frauen zweifeln an ihrer Aufgabe, wenn sie nur zu Hause sind. Dabei befinden sich die meisten Aufgaben außerhalb der üblichen Berufe. Eine Aufgabe ist individuell, maßgeschneidert und menschheitswichtig von einer höheren Sicht, ein Beruf ist schablonenhaft, von der Stange und nur aus zeitlich enger Sicht gesellschaftswichtig.

Das heißt nicht, daß Sie jetzt alle kündigen sollen. Wir transformieren uns und die Gesellschaft vom Niveau des Jobs über den Beruf zur Aufgabe. Das heißt aber, daß Sie Ihren Broterwerb und damit Ihre Angst, ihn zu verlieren, vielleicht einmal anders betrachten.

Aufgaben sind geronnene Seele. Hausfrau oder Hausmann kann ein Job* sein wie jeder andere. Sich um Menschen kümmern, sich um ein Zuhause kümmern ist eine Aufgabe.

* Man hat dann mit dem Partner einen mündlichen Vertrag, daß dieser einen sozusagen angestellt hat und bezahlt.

Leibliche Mutter und leiblicher Vater sein sind *keine* Aufgaben. Es führt unweigerlich zu Konflikten, wenn eine Mutter oder ein Vater sein eigenes Kind als Aufgabe betrachtet und deshalb von ihm Sinn erwartet. Das Muttersein und Vatersein wird erst zur Aufgabe bei nicht leiblichen Kindern. Josephine Baker sei hier ein Einzelbeispiel, alle erzieherischen Berufe sind weitere.

Sie werden sich vielleicht wundern, warum wir noch gar nicht über Ernährung und Gesundheit/Krankheit gesprochen haben. Weiß doch ebenfalls jeder Astrologieanfänger, daß man diese Themen der Jungfrau zuordnet. Wir haben nicht davon gesprochen, weil es unwichtig ist.

Wer seine Aufgabe gefunden hat, der ist im doppelten Sinne ernährt und gesund. Dabei zählt er weder Kalorien noch beugt er irgendwie vor. Aber er weiß inzwischen, was ihm bekommt und was nicht. Er ißt und tut intuitiv das Richtige. Wer einmal auf seine Seele gehört hat, ihre Sprache verstanden hat – und das hat jeder, der seine Aufgabe gefunden hat –, hört immer wieder auf sie.

Wir wissen heute, daß Krankheiten Notrufe der Seele sind. Der leibliche Körper gehört genauso zur Welt der Erscheinungen wie das Auto oder die Wohnung oder das Geld. Kann die Seele über die äußeren Erscheinungen unsere Aufmerksamkeit nicht mehr erreichen, dann wählt sie als letztes Mittel den Körper selber. Die Seele spricht zu uns in Form von Krankheit. Wir müssen zugeben, daß diese Sprache zwar meistens auch nicht verstanden wird, aber sie wird auch nicht überhört. Die Seele hat ihr Ziel erreicht.

Krankheiten transportieren Mitteilungen der Seele. Dabei ist jede Krankheit eine ganz spezifische Information, die wir heute zu entschlüsseln beginnen. Darüber gibt es bereits verständliche Bücher. Für uns ist das Thema Krankheit deshalb nur am Rande wichtig. Krankheit ist eine andere Form der Seele, an die eigentliche Aufgabe zu erinnern. Ein sehr kranker Mensch kommt in ein Krankenhaus. Dort sind nur kranke Menschen und man redet nur über Krankheiten. Die Seele zwingt unerbittlich zum Gespräch.

Das bewegliche Lernen ist das Lernen des Schülers, der noch keine Wahl hat.

Polare Entsprechungen:

Jungfrau ♍	Fische ♓
Vorbeuge	Sanatorium
Krankheit	Krankenhaus

Zwillinge – Schütze

Die Achse Zwillinge – Schütze ist eine Luft-Feuer-Achse. Wir befinden uns oben im Reich des schöpferischen Geistes und seiner Vorstellbarkeiten. Wir sind *Lehrlinge des Geistes.*

Was haben wir zu lernen?

Wir haben Einflüsse anzunehmen, uns Einflüssen auszusetzen, Einflüssen des Geistes (Schütze) und Einflüssen seiner Vorstellbarkeiten (Zwillinge).

Im Tierkreis nennt man die Achse Zwillinge – Schütze die *Kommunikationsachse.* Der Name dieser Achse weist darauf hin, daß sich der Mensch der Gesprächssituation bewußt ist. Geht es doch um alle Außenreize, die das Leben erst interessant machen und deshalb überhaupt nicht als bedrohlich empfunden werden. Der Mensch öffnet sich als geistig Lernender nur zu gerne.

Schützebetonte Menschen sind stets auf der Suche nach Leben, Freude, Erlebnissen, zwillingbetonte Menschen nach Wissen, Informationen, Erkenntnissen. Beide suchen sie ständig, und die Suche macht ihnen Spaß. Deshalb kümmert es sie auch nicht sehr, daß sie es nie lange miteinander aushalten. Sie trennen sich dann eben. Der Schütze jagt als unersättlicher Jäger seinem Leben hinterher, der Zwilling ebenso unersättlich seinem Wissensdurst.

Treffen sie sich kurz, was auf Grund ihrer Polarität nicht zu vermeiden ist, schwärmt der Schütze in höchster Freude von allem, was er erlebt hat und noch erleben will, so daß der Zwilling in hellster Freude glaubt, etwas erfahren zu können, was er vielleicht noch nicht weiß. Er geht dem Schützen nach kürzester Zeit mit seinen Fragen auf die Nerven. Auch befriedigen ihn die Antworten des Schützen irgendwie nicht. Man trennt sich höflich, aber bestimmt, überzeugt davon, sich niemals zu verstehen, obwohl man das auch ein bißchen schade findet. Zum Glück erlebt der Schütze sofort etwas Neues und der Zwilling erfährt etwas Neues.

Begegnen sie sich ein nächstes Mal, geschieht alles genauso, als träfen sie sich zum ersten Mal. Einzig die Sekunde der Traurigkeit über ihre scheinbare Verschiedenheit kommt beiden bekannt vor. Es kann sich aber niemand erinnern, denn Feuer hat keine Erinnerung, nur ewige Gegenwart.

Zwillinge ist bewegliche Luft. Die Erkenntnisfähigkeit ist Einflüssen ausgesetzt. Das Ergebnis ist, daß man sich ständig für etwas interessiert, für Nachrichten, Weltrekorde, Sportergebnisse, Bevölkerungszahlen, Geburtsmethoden, Sterbehilfe, Reiseziele, Schulmethoden, Fastenkuren, Scheidungsgesetze, Kindererziehung, Kabelfernsehen, die nächsten Wahlen, Englisch, Französisch, Yoga, Wiedergeburt, Ikebana, Porzellanmalerei, Töpfern, Tischlern, die Philosophie Kants, Astrologie, Teppichknüpfen, Biofeedback, Meditation ... eben für alles.

Dabei drängt das eine Thema das nächste. Viele werden deshalb parallel erkundet. Die Welt des Zwillings ist eine unendliche Bibliothek, aufregend, interessant und immer neu. Alles ist wunderbar, hätte man nur mehr Zeit. So geht der Zwilling mit einem 360-Grad-Blick durch die Welt. Er liebt Reisen, in denen man in drei Tagen zwölf Städte erkundet und liest Bücher nach Gewicht. Er findet sich wichtig und sein Verhalten modern.

Irgendwann weiß ich alles, irgendwann habe ich alles gelesen, jede Zahl behalten. Irgendwann ist mir nichts mehr verborgen. Das ist das Ziel des Zwillings und damit der größte Irrtum seines Daseins.

Schütze ist bewegliches Feuer. Der schöpferische Geist ist Einflüssen ausgesetzt. Das Ergebnis ist, daß man sich ständig animiert fühlt, ein lebendiges Erlebnis zu haben. Man liebt Feiern jeder Art, Reisen jeder Art, am liebsten natürlich Weltreisen. Man liebt Sport, interessante Menschen, gesellschaftliche Ereignisse, Expeditionen, Drachenfliegen, Feuerlaufen, indonesische Küche, Safaris, Selbsterfahrung jeder Art, Seancen, Tischerükken, Gabelverbiegen, Ruderregatten, Ritterspiele, Sessions, Partys, Podiumsdiskussionen ... eben alles, was irgendwie lebendig ist.

Dabei ist das nächste Erlebnis immer das tollste. So jagt der Schütze von einem Erlebnis zum nächsten.

Irgendwann erlebe ich das Tollste, das Aufregendste. Irgendwann finde ich das „echte" Leben. Ich muß nur danach suchen. Daran glaubt der Schütze und das ist der größte Irrtum seines Daseins.

Im Endeffekt rennt der Schütze dem Leben hinterher und vergißt zu fragen, wo er eigentlich hin will, und der Zwilling rennt den Fragen hinterher und vergißt zu erfahren, wo eigentlich das Leben ist. Sie brauchen sich dringend. Trotzdem finden sie sich sehr schwer. Woran liegt das?

Alle Feuer-Luft-Achsen sind Ausdrucksachsen des schöpferischen Geistes. Sie haben mit Freude und Lust, niederschwingender mit Spaß und Vergnügen zu tun, und es fehlt ihnen die Fähigkeiten zur Erinnerung, die eine Eigenschaft der Seele (Wasser) ist. Dafür besitzen sie die Fähigkeit zum Augenblick.

Für den Zwilling zählt nur die augenblickliche Frage, für den Schützen nur das augenblickliche Erlebnis. Sie können sich nicht erinnern, daß sie schon tausend Fragen gestellt haben, tausend Erlebnisse gelebt haben, die sie alle nicht befriedigt haben. Sie können wohl erzählen von ihren Fragen und Erlebnissen, denn diese sind durchaus gespeichert.

Wir dürfen die Technik zur Wiedergabe, die jeder Mensch und jeder Computer hat, nicht verwechseln mit der qualitativen Fähigkeit zur Erinnerung, wie sie der Seele entspricht. In diesem Sinne ist Erinnerung die Fähigkeit zur *mit*fühlenden Rückschau. Jeder Erinnernde weckt immer Gefühle in sich. Wir werden sentimental, traurig, beschaulich. Es sind gerade diese Gefühlsqualitäten, die als Erinnerung abgespeichert sind. Das entsprechende Ereignis dazu dient als Etikett, als Zugriff.

Diese Koppelung von Ereignis und Gefühlshintergrund macht für viele Menschen Erinnerung zu etwas Belastendem. Erinnerung zwingt uns zur Verarbeitung der Vergangenheit, sonst drückt sie.

Die *Fähigkeit zum Leid* ist eine Eigenschaft der Erinnerung und damit der Seele.

Dem Zwilling und dem Schützen fehlt diese Fähigkeit zum Leid. Sie fehlt jedem Feuer- und Luftzeichen. So können sie das Leidhafte, das Tragische ihrer immer wiederholten Fragen, beziehungsweise ihrer immer wiederholten Erlebnisse nicht vom rückschauenden Gefühl her fassen.

Natürlich ahnen sie es, denn jeder Zwillinge-Mensch und jeder Schütze-Mensch hat eine Seele und sein Horoskop enthält andere Erde-Wasser-Faktoren.

Wir sprechen hier vom Tierkreiszeichen Zwillinge und vom Tierkreiszeichen Schütze, nicht von den gleichnamigen Menschen. Also schleudern Sie dem nächstbesten Zwilling oder Schützen nicht Ihre Fehlerkenntnis ins Gesicht, er sei unfähig zum Gefühl, weil Ihnen das gerade in den Kram paßt.

In jedem Menschen sind Geist und Seele eine Verbindung eingegangen. Im Tierkreis haben wir lediglich die Möglichkeit, diese komplizierte Verbindung wieder in die Achsen Wasser-Erde und Feuer-Luft aufzulösen.

Wir sprechen im Zusammenhang mit der Seele oft von Gefühlen und ich bin sicher, alle Menschen verstehen dasselbe darunter. Trotzdem ist das Wort im Sprachgebrauch ungenau. Für uns ist ein Wutanfall genauso ein Gefühl wie Haß, ein Klagen genauso ein Gefühl wie Sehnsucht.

Wahrscheinlich sind der Wutanfall und das Klagen eine *Emotion,* eine nach außen gerichtete Bewegung des Geistes und kein erinnerndes Gefühl der Seele, wie Haß und Sehnsucht.

Gibt es also auch Gefühle des Geistes?

Nein. Aber es gibt einen Ausdruck des Geistes aufgrund seiner Fähigkeit zur Lust und zum Augenblick. Feuer ist ungezügeltes Leben, Wildheit. Jede Eingrenzung durch Erde oder Wasser reißt das Feuer augenblicklich zu Wut, Aggression, Anfällen hin. Das zeigt jedes Kind, vorausgesetzt es wird nicht zusätzlich seelisch bedrängt. Das jung eingesperrte Leben drängt nach Freiheit wie ein junges Fohlen. Diese Äußerungen des Geistes, die Gefühlen der Seele so täuschend ähnlich sind, benutzt auch ein Erwachsener, wenn er seine persönliche Freiheit bedroht fühlt, aber auch, wenn er einfach nur ein bißchen lebendig sein will. Wir nennen das einen temperamentvollen Menschen. Dieser kann seelisch sehr infantil und unfähig zu wahren Gefühlen sein. Die Palette der geistig-emotionalen Äußerungen ist vielfältig und raffiniert. Immer soll sie die eigene Lebendigkeit augenblicklich steigern.

Ein Mensch kann bei einer Trennung weinen, weil er keine Lust hat, alleine zu sein. Dann macht er wahrscheinlich noch wortreiche und durchaus intelligente Vorwürfe (Luft). Dies ist ein Ausdruck des Geistes.

Ein Mensch kann bei einer Trennung weinen, weil ihn diese Situation an viele reale Trennungen seines Lebens (und seiner Vorleben) und an das damit verbundene Gefühl der Hilflosigkeit, Einsamkeit, Minderwertigkeit erinnert ... Er steigert sich in dieses erinnerte Leid und schwimmt geradezu weg. Alle Trennungssituationen sind ihm gefühlsmäßig darin gegenwärtig. Letztlich erinnert ihn jedes Abschiedsgedicht, jeder Herbst, jeder Bahnhof, ohne daß gerade eine reale Trennung in seinem Leben stattfinden muß. Das ist ein Ausdruck der Seele und ein Gefühl.

Gefühle der Seele verändern den Menschen, reißen ihn in eine Metamorphose. Äußerungen des Geistes sind Augenblicksausbrüche. Der Mensch selbst bleibt unverändert.

Wir haben gefragt, warum sich Zwillinge und Schütze so schwer verbinden können. Das liegt an ihrer Fähigkeit, den Augenblick zu erleben. Da jede Frage, jedes Erlebnis doch wieder augenblicklich interessant, lustig, lebendig ist, haben weder der Zwilling noch der Schütze je genug Leere und Langeweile, sich mit dem polaren Partner zu befassen.

Der extreme Zwilling hält seine Erkenntnissucht für Leben. Er ist der ideale Quizkandidat.

Der extreme Schütze hält seine außerordentlichen Erlebnisse für Wissen. Er ist der ideale Weltenbummler.

Beide geraten immer mehr in eine starre, festgefahrene, zwangsweise intolerante Position, da sie ja beide alles wissen. So wird der Zwilling zum Wissensfanatiker, der Schütze zum Lebensfanatiker. Extremes Feuer wird schließlich zum Fanatismus – extremes Wasser zum Fatalismus.

Trennt man die Polarität Zwillinge – Schütze, wird das Wissen des Zwillings immer sinnentleerter und das Erleben des Schützen ebenfalls. Beide sind getrennt eigentlich recht sinnlose Gestalten, aber das Feuer (Luft) treibt sie weiter. Feuer (Luft) kennt keinen körperlichen Zusammenbruch und kein Verweilen. Alles ist unbegrenzte Energie und Lust. Eine Qual ganz anderer Art tut sich uns auf, nämlich das gepeitschte Lebenmüssen/Lernenmüssen, ein Zeichen aller extrem gelebter Feuer- und Luftzeichen.

Was hat uns der Geist denn eigentlich zu sagen, daß er sich zwar der intimen Form der Beeinflussung bedient, aber sich den Luxus des Lustprinzips (Feuer) leistet?

Wir benutzen dazu wieder den umgekehrten Tierkreis. In Schütze begann der einsam gewordene und von seiner Erinnerung abgeschnittene Mensch seine Suche (nach sich selber). Voll Optimismus geht er seinen Weg. In Zwillinge findet der Mensch die Welt erneut und weiß jetzt alles. Er kann endlich *in* der Welt leben. Irgendwie hört sich das auch im umgekehrten Tierkreis noch einfach an.

Ist es das auch?

Die Achse Zwillinge – Schütze könnte man ebensogut die Sinnsuche nennen. Sie ist gerade heute wieder sehr in Mode gekommen. Im Zeitalter des Wassermannes wird der Schütze zum elften Zeichen.* Das elfte Zeichen zeigt an, was eine Gesellschaft, Menschheit zusammenhält. Im Wassermann-Zeitalter ist das die Sinnerfahrung. Im Fische-Zeitalter war das die Hierarchie.

Eigentlich muß das ja sehr schön sein, wenn der Sinn die Menschen zusammenhält. Das denken sich auch alle vom Fische-Zeitalter Enttäuschten und machen sich sogleich auf den Weg. Da der Anfang des Weges einfach, lustig und freundlich ist, starten auch so viele. Man wundert sich sogar, daß man nicht viel eher daraufgekommen ist.

Der verbundene Weg (Zwillinge – Schütze) führt immer wieder von einem Erlebnis (Schütze) zu einer Wissensmethode (Zwillinge) und zurück. Wie ein Pingpongball erlebt und erlernt oder erlernt und erlebt man viele verschiedene Sinnsuchsysteme und -techniken: Tarot, Astrologie, Numerologie, Magie, hermetische Philosophie, Bewußtseinstraining, Geistheilen ...

Sehr schnell hat man viel erlebt und viel erfahren, denn wir können diese Dinge heute konsumieren – und was ist dabei passiert?

Vor dem Hintergrund dieser vielen entliehenen Sinne und Wege wird einem eines immer klarer, nämlich das Fehlen eines eigenen Sinnes und Weges. Gerade will man Trübsal blasen, hat beinahe erwogen, es einmal mit sich selber zu versuchen, da ruft

* Dabei nimmt man den Wassermann als erstes Zeichen und zählt in Richtung des Tierkreises.

eine alte Freundin an und schwärmt von einer neuen spirituellen Massagetechnik.

Man ist augenblicklich FEUER UND FLAMME (bitte lesen Sie das wortwörtlich) und der Kreislauf geht weiter.

Merken Sie etwas?

Wir sind in genau dieselbe Qual hineingeraten, die die getrennte Zwillinge-Schütze-Achse brachte. Warum nur?

Wir machen einen neuen Anlauf und meditieren zwei Wochen fastend im Süden. Dabei kommt uns kein geschriebenes Wort unter die Augen. Bücher sind tabu. Wir haben gelernt, daß man den Sinn nämlich gar nicht aufschreiben kann. Wir haben tatsächlich ein irgendwie authentisches Gefühl und nennen das, weil es uns zum erstenmal selber betrifft, Sinn. Am Ende der zwei Wochen sind wir total positiv, aber der Frust unseres normalen Lebens holt uns rasend ein. Wir müssen sofort irgend etwas *mit*machen. Wir hetzen wieder von Versenkung zu Versenkung.

Wir machen einen neuen Anlauf und versenken uns in unser eigenes Leben. Wir gehen nicht mehr mit. Wahrscheinlich haben wir auch kein Geld mehr dafür. Wir gehen jetzt unseren selbstgeschneiderten Weg. Er ist längst nicht so lustig. Vor uns wird es immer dunkler. Wir ahnen Schlimmes und haben Angst, Höllenangst.

Hier müssen wir zum Glück unterbrechen, denn die Hölle gehört zum festen Lernen und ins folgende Kapitel. Außerdem haben wir eine Grenze überschritten. Wer die Hölle betritt, sucht nicht mehr.

Die Achse Zwillinge – Schütze ist die Sinnsuche *aller* Menschen. Der Geist ist unpersönlich und ungeteilt, also für alle Menschen gleich. Die Seele ist immer individuell. Während die Entfaltung der Seele etwas Persönliches ist, ist die Entdeckung des schöpferischen Geistes etwas Außerpersönliches, etwas Allgemeines. Schütze ist bewegliches Feuer. Hier begegnen uns alle denkbaren Sinnsysteme. Deshalb ist Schütze auch das Zeichen der Philosophie. In Schütze wird der Sinn nicht erinnert, wie die Aufgabe in Fische, sondern er wird tausendfach inszeniert – und zwar immer derselbe. In Zwillinge wird das Wissen der Welt gespeichert, tausendfach nachvollzogen – aber immer dasselbe.

Das Wissen spiegelt den Sinn und der Sinn spiegelt das Wissen. Der Sinn ist der Kleister, damit die Worte nicht auseinanderfallen und die Worte sind der Henkel, damit man den Sinn herumtragen kann. Dabei gibt es nur *eine* Sorte Kleister und nur *einen* Henkel.

Die Achse Zwillinge – Schütze gibt sich alle Mühe, uns den einen, einfachen, wahren Sinn, der einzig nach Leben schmeckt, auf tausendfache Art darzubieten, bis wir ganz blöd davon sind.

Eigentlich bräuchten wir „nur" einen einzigen Sinnweg oder eine einzige Wissensmethode bis in die Tiefen zu studieren, wo sie wieder einfach wird, und wir hätten den Sinn und das Wissen für alle Zeit.

Irgendwann kommen wir auch dahinter, daß es nur mit Beschränkung im wahrsten Sinne des Wortes geht, aber eben erst später. In Schütze herrscht der *Jupiter,* ein Planet der Fülle, in Zwillinge herrscht der *Merkur,* ein dauernder Botengänger. Bei dieser Üppigkeit und Herumrennerei kann sich kein Mensch beschränken.

Man kann es drehen wie man will. Die Achse Zwillinge – Schütze führt uns immer im Kreise. Wie ein Hamster rennen wir im Rad und nennen das unseren Weg. Von der Stelle gekommen sind wir auch nicht. Könnten wir uns so von außen beobachten, wir wären erstaunt, wie beschränkt wir sind!

Im Solarzielzyklus sind die Jahre mit Zwillinge- oder Schützeziel ein Teil Ihrer Suche nach Wissen und Sinn. Vielleicht lernen (Luftanteil des ganzheitlichen Lernens) Sie etwas Neues oder Sie erleben etwas Neues. Auf jeden Fall sind diese Jahre leichter zu leben und spontaner, da Sie mit der Lust des Augenblicks in Berührung kommen.

Polare Entsprechungen:

Zwillinge ♊	Schütze ♐
Frage	Freude
Wissen	Weisheit
Welt	Sinn
Gelehrtheit	Vergnügen

Das bewegliche Lernen

Das bewegliche Lernen ist das Lernen des Lehrlings, der noch keine Wahl hat. Seele und Geist senden ihren Einfluß auf jeweils zweifache Weise. Der Lehrling ist diesem Einfluß ausgesetzt. Er muß ihn zulassen. Dafür werden ihm zwei Dinge gegeben, mit denen er als Mensch in dieser Welt leben kann:

Eine Aufgabe und das Wissen um den Sinn der Welt.

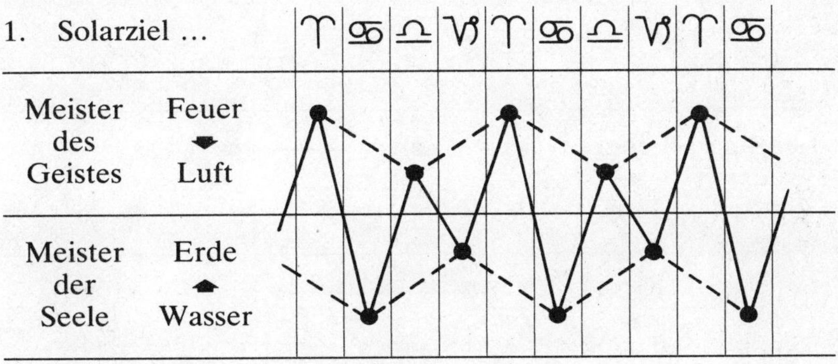

solare Lernkurve: jährliche Beobachtung

In jeder Lernphase, egal ob beweglich, fest oder kardinal, folgen die Themen der Seele und des Geistes jährlich abwechselnd aufeinander wie in obigem Bild dargestellt.

Dieser Rhythmus Seele – Geist – Seele – Geist – Seele …, den wir irgendwann einmal als Lernschwingung und Lebensschwingung nachempfinden müssen, ist zuerst genau das, was den Lernanfänger verwirrt. Es geht mir selber immer noch so, daß ich die Jahre mit einem Wasser- oder Erdesolarziel viel, viel schwerer lebe, sie damit aber auch besser fasse. Hat man sich am Ende eines Solarjahres ein bißchen an die Tierkreiszeichenbeobachtung gewöhnt und erkennt vielleicht schon das eine oder andere als dazu passend, dann folgt nach diesem Rhythmus Seele – Geist – Seele – Geist – Seele … immer ein totaler Bruch. Der Lehrling der Seele wird zum Lehrling des Geistes und dieser wieder zum Lehrling der Seele. So folgen die Jahre aufeinander und es kommt mir so vor, als wenn man dauernd die Klasse, das Thema, den Lehrer wechseln muß. Entsprechend schwer, ja fast ausgeschlossen ist ein Einstieg in die Beobachtung über den üblichen Zeitablauf.

Wir müssen den Rhythmus Seele – Geist – Seele – Geist – Seele ... auflösen wie eine zu schwere Partitur. Ich schlage Ihnen folgendes Vorgehen in der Beobachtung der Solarziele vor, das ich selber praktiziere:

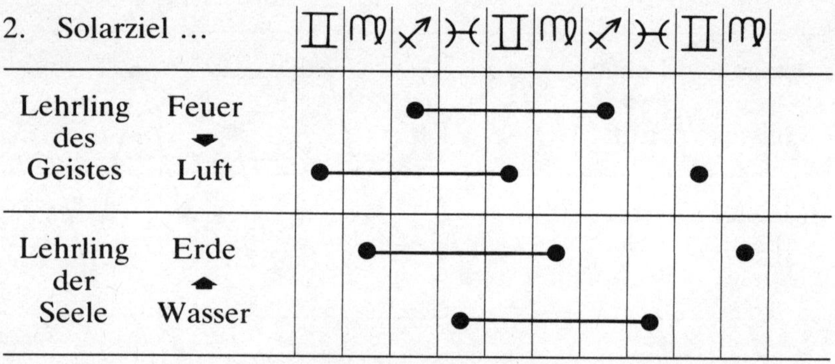

solare Lernkurve: 4jährige Beobachtung

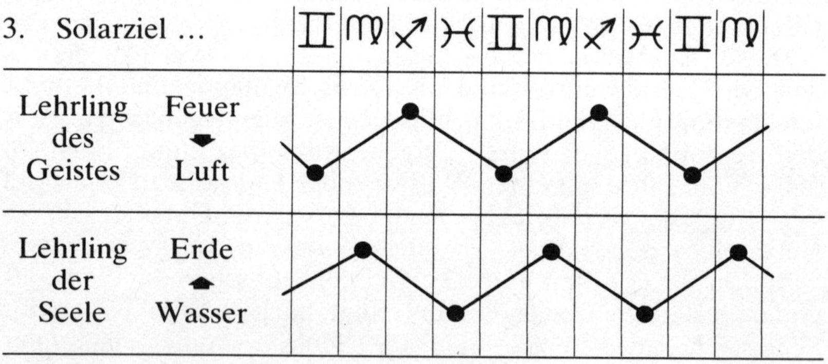

solare Lernkurve: 2jährige Beobachtung

Darstellung 1 zeigt eine Solarzielbeobachtung, die sich auf jedes Jahr erneut einstellt. Ein Anfänger wird so nichts Vergleichbares erkennen. *Darstellung 2* zeigt eine Fixierung der Beobachtung auf jedes vierte Jahr. Dabei beobachten wir Jahre mit demselben Solarziel miteinander. Diese Beobachtungsweise ist für den Anfänger geeignet. *Darstellung 3* zeigt eine Fixierung der Beobachtung auf jedes zweite Jahr. Dabei beobachtet man nur geistige Solarjahre miteinander und nur seelische. Diese Beobachtungsweise ist die bestgeeignete, um hinter die Polarität der Welt zu kommen. Man kann sie parallel zur zweiten durchführen. Eine weitere Steigerung bis zur jährlichen polaren Beobachtung wird in Kapitel 4 beschrieben.

Wenn Sie die vier Tierkreis-Qualitäten des beweglichen Kreuzes an sich selber beobachtet haben, können Sie diese viel eher auch in anderen Dingen erkennen.

Ein Paradebeispiel für das bewegliche Kreuz sind die abendländischen Klöster. Hier wird gearbeitet (Jungfrau) und gebetet* (Fische), Schriften gelesen (Zwillinge) und danach gelebt (Schütze). Vor Erfindung des Buchdrucks wurden in den Klöstern die vorhandenen Schriften mit der Hand abgeschrieben. So vervielfältigte sich das Wissen buchstäblich durch Wiederholung des Wortes. In den Klöstern gab es die ersten Bibliotheken. Die Klöster errichteten die ersten Schulen. Leider teilen die meisten Klöster die Nonnen und Mönche auf in solche, die für die einfachen Arbeiten in der Küche und im Garten zuständig sind und solche für das Studium und die Weitergabe des Wissens. Damit trennen sie innerhalb der Gemeinschaft die Achsen des Kreuzes.

Heute kann man erneut Versuche beobachten, Gemeinschaften nach dem beweglichen Kreuz zu gestalten. Dabei werden die Achsen nicht mehr getrennt. Man findet es inzwischen wichtig, daß jeder mit der Hand arbeitet und mit dem Kopf, daß er betet und mit den anderen auch durch einen Sinn verbunden ist.

Das bewegliche Kreuz ist aber nur eines der drei Kreuze. Es ist nicht für jeden Menschen zu jeder Zeit das geeignete.

Das bewegliche Kreuz ist das Schülerkreuz. Es ist der Anfang jeder Entwicklung, aber es gibt Seelen, die die bewegliche Lern-

* Das „ora et labora" (bete und arbeite) der Benediktiner ist noch heute eine Grundregel jeder klösterlichen Tätigkeit.

erfahrung gemacht haben. Sie kennen ihre Aufgabe und den Sinn der Welt. Sie können deshalb das bewegliche Kreuz für sich selber ohne gemeinschaftliche Organisation und inhaltliche Vorgabe verwirklichen. Sie arbeiten mit Hingabe und wissen mit Sinn.

Mir scheint, daß das bewegliche Kreuz am Ende des Fischezeitalters, das ein bewegliches Zeitalter war, jedem Menschen abverlangt wird.

Die festen Lernstoffe

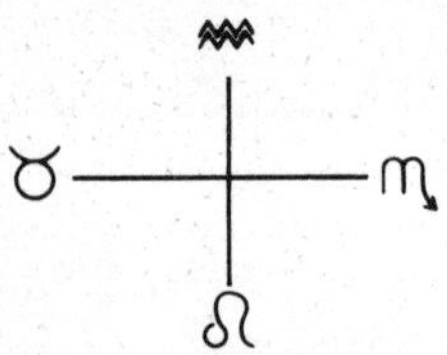

♉ Stier	Erde
♏ Skorpion	Wasser
♌ Löwe	Feuer
♒ Wassermann	Luft

Stier – Skorpion

Die Achse Stier – Skorpion ist eine Erde-Wasser-Achse. Wir befinden uns unten im Reich der Seele und ihrer Manifestationen. Wir sind *Gesellen der Seele.*

Was haben wir zu lernen?

Wir haben weder Einflüsse anzunehmen noch auszuüben. Wir haben uns zu binden an die Seele (Skorpion) und zu binden an ihre körperlichen Manifestationen (Stier).

Im Tierkreis nennt man die Achse Stier – Skorpion die *Werteachse.* Wir sehen daran, daß Bindung nach unten für den Menschen offensichtlich mit Werten und mit Wertungen im Zusammenhang steht. So wertet der Skorpion Gefühle und der Stier Dinge. Sie werten und bewerten, werten auf und werten ab, damit sie sich nur nicht an etwas Wertloses binden.

Skorpionbetonte Menschen wittern sofort das Abgründige in allen Gefühlen, seien sie auch noch so unschuldig dargeboten, stierbetonte Menschen das Zwielichtige in allen Investitionen, sei es auch noch so solide versteckt. So traut der Skorpion niemandem und der Stier prüft gründlich. Die geschäftsmäßige Ruhe und Sachlichkeit des Stieres findet der Skorpion naiv, steckt das Übel doch in den Gefühlen dahinter. Die ständige Angespanntheit des Skorpions findet der Stier schlicht unökonomisch, verdirbt das Gefühl doch jedes gute Geschäft. Überhaupt glauben beide, miteinander nichts, aber auch gar nichts zu tun zu haben. Sie sind sich deshalb nicht einmal lästig, nur unendlich fremd.

Stier ist feste Erde. Der Mensch bindet sich an die Welt der Erscheinungen. Das Ergebnis ist eine totale Identifikation mit allen Dingen. Während sich die Jungfrau um die Dinge sorgt, weil sie ihnen ausgeliefert ist und sie niemals überschaut, *ist* der Stier alle Dinge selber und lenkt sie nach ihrem eigenen Gesetz. Dabei wird er weder von den Dingen beeinflußt, noch beeinflußt er sie. Er wird durch seine Bindung daran selber zum Ding.

Niemand erspürt so intensiv die Gesetze des Wachstums aller Erdemanifestationen. Niemand kann deshalb so sicher Werte schaffen wie der Stier. Er ahnt jede Möglichkeit, riecht jedes Geschäft. Er hat ein wortwörtlich *sinn*liches Verhältnis zu den Dingen, liebt sie, genießt sie, pflegt sie, hütet sie, bewahrt sie. Unter seinen Händen gedeihen die Blume und das Gemüse, der Kontostand und das Haus, das Essen, der Weinkeller und sein eigener Bauch. Der Stier ist die Identifikation des Wachstums überhaupt. Selber ein Ding durch und durch hat er schließlich auch die Ruhe und Beständigkeit alles natürlich Wachsenden, dem jede Hektik und jede Übereilung nur schadet. Der Stier ist so verbunden mit den Dingen, daß er alles andere nicht zulassen kann. So schützt er alles Werdende und dient dem vermeintlichen Gesetz des ewigen dinglichen Wachstums mit seiner ganzen Kraft.

Aber ihm wird seine Mühe nicht gelohnt. Je schöner die Blume, je stattlicher das Haus, es bleibt eben nicht verborgen. Andere neiden ihm seine Begabung, warten nur auf eine Gelegenheit, ihm etwas zu stehlen oder es aus Haß zu zerstören, wenn sie schon nichts davon haben können. In blinder Verbundenheit sichert der Stier seine Schätze. Er baut große Mauern, setzt hohe Zäune, installiert Alarmanlagen, beschäftigt Wärter und Aufpasser, auf die er selber aufpaßt. Er geht nicht mehr aus dem Haus und ersinnt ständig neue Sicherheiten.

Irgendwann habe ich alles abgesichert, irgendwann kann mir niemand etwas wegnehmen, irgendwann kann alles ungehindert wachsen und gedeihen. Davon träumt der Stier und das ist der größte Irrtum seines Daseins.

Skorpion ist festes Wasser. Der Mensch bindet sich an die Seele und alle Gefühlsäußerungen. Das Ergebnis ist eine totale Identifikation mit ihnen und ihren Erinnerungen. Diese Bindung, die weder dem Stier noch dem Skorpion bewußt sein muß, bestimmt das gesamte Erleben. Während der Fisch sich von Gefühlen beeindrucken läßt, weil er in ihnen wegschwimmt und sie als übermächtig empfindet, *ist* der Skorpion selber alle Gefühle. Er kennt die gesamte Klaviatur ihrer Ausdrucksmöglichkeiten. Dabei wird er weder von ihnen beeinflußt, noch beeinflußt er sie. Er ist diese Gefühle selber und seziert sie nach ihren eigenen Erinnerungen. Nichts kann man ihm vormachen, alles hat er bereits als Erinnerung gespeichert.

Unter seinem angespannten Blick und seiner konzentrierten Beobachtung filtert er aus jeder Treue einen Betrug, aus jedem Liebesschwur einen Fehltritt, aus jeder Freundschaft ein Hintergehen, aus jeder Höflichkeit eine Intrige, aus jedem Mitgefühl Schadenfreude. Da er selber Gefühl ist, bleibt ihm nichts verborgen. Jedes aufgesteckte Gefühl schmilzt wie Eis in der Sonne unter seiner Begutachtung. Übrig bleibt immer dasselbe: das Böse, das Unedle, das Intrigante, das Mißgünstige, das Berechnende …

Der Skorpion leidet Höllenqualen. Dabei will er nur eines, ein reines, edles, wertvolles Gefühl, das seinem Blick standhält, seine Sehnsucht stillt und seine Qualen lindert. Dafür gibt er seine gesamte Kraft. So zerstört er alles Verdorbene, entdeckt jede Verfehlung und lauert auf alles, was sich ständig neu entwickeln will. Niemand macht ihm etwas vor. Er ist mit allen WASSERN gewaschen (bitte wortwörtlich lesen!).

Er traut niemals und niemandem. Verliebt er sich selber, schließt er die Geliebte vor rasender Eifersucht ein. Nichts soll sie und ihre Liebe beschmutzen. Er wütet als Beschützer des ersehnten Edlen und tötet alles, was sich irgendwie verdächtig macht. Irgendwann habe ich alles Unreine vernichtet. Irgendwann habe ich alles Schlechte getötet, jeden Haß, jede Gier, jeden Neid, jeden Betrug. Davon träumt der Skorpion und das ist der größte Irrtum seines Daseins.

Im Endeffekt wütet der Stier gegen alle Neider, Hasser und Diebe seiner Schätze und der Skorpion züchtet seine reinen Gefühle im Treibhaus.

Auch hier führt die Trennung der Pole zum zwanghaften Imitieren des Abgetrennten. Der extreme Stier verliert jede Ruhe und ist reizbar bis zum Töten. Der extreme Skorpion verehrt seine für einzig wahr und rein erkannten Gefühle mit solcher Naivität, daß er wahrscheinlich gerade hier wirklich betrogen wird.

Der Skorpion ist der Abgrund hinter dem Stier, der Stier ist die Naivität hinter dem Skorpion.

Das kompromißlose Beschützen von selbsternannten Werten führt beide unweigerlich in die eigene Zerstörung und die ihrer Werte. Was geht hier Furchtbares vor?

Die Achse Stier – Skorpion gehört zum festen Kreuz. Es ist nicht mehr der Lehrling, der lernt, und die Lernform ist nicht mehr die Beeinflussung. Die Lerninhalte werden zwar klar angezeigt, aber nicht aufgedrängt. Auch wird nicht sofort mit großem Leid oder Unglück reagiert, wenn der Lernende vom Wege abkommt.

Dem Lernenden des festen Kreuzes wird auf der Stier-Skorpion-Achse erlaubt Seele (Skorpion) zu werden und Ding (Stier) zu werden. Besser und intensiver kann man über etwas keine Auskunft erhalten, als wenn man es selbst wird. Hielte sich der Mensch an die Übereinkunft des *unbeteiligten* Bindens, würde er schon merken, was die Achse Stier – Skorpion ihm wirklich zu sagen hat. Aber er hält sich nicht daran.

Der Mensch der Lernerfahrung Stier – Skorpion bindet sich *und* wertet. Damit beginnt er aber zu beeinflussen, und ist so selber der Saboteur.

Der Stier findet die Dinge schön. Sie gefallen ihm, wie uns der Schein (Maya) immer gefällt. Er bindet sich also mit eigener Zustimmung. Schon danach war er gar nicht gefragt. Das Spiel gefällt ihm. Er verteilt ungefragt Wertzuweisungen und Wertablehnungen. Der große Kohlkopf gefällt ihm, der kleine nicht. Die Rose mag er, das Gänseblümchen nicht – es stört seinen englischen Rasen. Unkraut ist das allerletzte. Kinder, Hunde und Maulwürfe gehören nicht in Gärten. Er zäunt sich ein. Hat er die Dinge nach seinem Wert geschieden, vermehrt er die, die er mag. Die anderen sollen am besten gar nicht oder nur weit von ihm entfernt existieren.

Der Nachbar liebt Hunde und Gänseblümchen und Unkraut stört ihn auch nicht. Unser Stierlernender schlägt sich mit ersten Schwierigkeiten. Der Skorpionabgrund beginnt zu brodeln ...

Der Skorpion findet die Seele gar nicht schön. Er ist schockiert. Hätte er nicht schon zugesagt, sich zu binden, er würde dieses Spiel sofort aus moralischen Gründen ablehnen.

Das ist der Abgrund. Vor ihm tauchen sie auf – die Gefühle: jammernd, elendig, ekelerregend, intrigant, neidisch, höhnisch, zeternd, ordinär, berechnend, habgierig, hochmütig. Nichts ist ihnen zu niedrig, nichts ist ihnen zuwider. Zwischen diesen grellen Seelenfarben tauchen immer wieder zarte, milde, flüchtige, helle, mitleidige, herzergreifende auf, so daß unser an die Seele gebundener Lernender unweigerlich die Hand ausstreckt, aber stets ins Leere greift. Sein Herz verkrampft sich. Es muß etwas geschehen. Er verflucht diese Zustände aus tiefster SEELE und das tut ihm gut.

Aber er hat noch nicht alles gesehen, gebunden an die Seele muß er weiter. Hinter den Gefühlen verbergen sich Zimmer, von jedem Gefühl sklavisch bewacht. In diesen Zimmern, die unser lernender Geselle wohl oder übel alle durchwandern muß, trifft er endlich auf Ereignisse und diese sprechen ihn zutiefst an.

In einem Zimmer fleht ein junger Mann seine Geliebte an, ihn nicht zu verlassen, in einem anderen schmieden ein Mann und eine Frau einen Racheplan, in einem nächsten beraubt ein Mönch einen Schlafenden. Es geht kreuz und quer durch alle Jahrhunderte und alle Epochen, geradezu als kämen alle Theaterszenen dieser Welt zusammen. Ein Kind beobachtet eine Hinrichtung, ein Mann ersäuft eine Katze, eine Frau stürzt von einer Mauer ...

Unser Lernender schließt oft die Augen oder hält sich die Hände vor das Gesicht. Er kann sich nicht entbinden, aber er hat die Wahl hinzuschauen oder die Augen zu schließen. Wenn er aber hinsieht, dann ergreift er leidenschaftlich Partei, urteilt und verurteilt und donnert mit seiner Moral dazwischen.

In einem Zimmer trifft er eine wunderschöne Frau und verliebt sich in sie. Er will, daß sie gut ist und führt sie in das Haus mit dem englischen Rasen.

Die Stiernaivität beginnt zu sprießen ...

Der Stier und der Skorpion werten und wählen aus. Der Stier wählt die Dinge, die er mag, und trennt die anderen ab. Der Skorpion wählt die Gefühle, die er mag, und trennt die anderen ebenfalls ab. Die abgetrennten Dinge und die abgetrennten Gefühle müssen deshalb übermächtig werden, bis ihre Existenz angenommen wird. Durch das Werten nach eigenem Ermessen haben sich Stier und Skorpion außerhalb ihrer Kompetenzen begeben. Sie haben mit den Wertungen Einfluß ausgeübt, der dem Menschen erst auf der kardinalen Lernstufe zusteht. Die Achse Stier – Skorpion spricht im Menschen also genau das an, was er sich anmaßt, beurteilen zu können und von dem er annimmt, es mit Wertzuweisungen und Urteilen beherrschen zu können. Erst wenn er sich so in seinem eigenen Labyrinth von Werten verrannt, verlaufen und eingekerkert hat, daß er unterzugehen droht, erst dann ahnt er vielleicht, daß er etwas mißverstanden hat. Aber was?

Binden wir uns also an die Seele und die Dinge, *ohne* zu werten. Üben wir uns in der Kunst des *nichtwertenden* Beobachtens und Gewahrseins.

Als Stier beobachten wir, daß die Dinge wachsen ohne unser Zutun, daß sie sich gegenseitig ausrichten und einigen ohne unser Zutun. Wir beobachten ein gegenseitiges Durchdringen ohne Gleichmacherei, ohne Einbuße von Vielfalt und Sorten. Wir beobachten ein waltendes Gesetz, daß jedem Ding seinen Platz gibt, wie die Gefühle ihren Ereignissen. Wir erkennen, daß die Dinge nun keinen trennenden Wert mehr *haben,* sondern jedes Ding für sich ein einzigartiger Wert *ist.* Wir beobachten, daß wir darüber sogar ein bißchen beschämt sind, weil wir immer annahmen, daß die Dinge *uns* brauchen, daß *wir* ihnen erst einen Wert geben. Wir glauben, unsere Lektion erschaut zu haben und wollen uns abwenden, werden aber gehalten.

Der zweite Teil unserer Unterweisung beginnt.

Wir beobachten, daß die Dinge wachsen und wachsen und schließlich einen Zustand annehmen, in dem sie gleichermaßen erblüht wie verblüht wirken. Sie verblassen, welken, schrumpfen und vergehen. Sie sterben. Wir sehen nur noch vergehende und sterbende Dinge. Es fällt uns schwer, nicht einzugreifen. Aber wir werden wieder zurückgehalten und beobachten schließlich, wie überall neue Dinge entstehen, als hätten sie jetzt endlich wieder Platz dafür. So geht es immer weiter und weiter. Schließen wir die Augen ab und zu, was wir auch hier dürfen, kommt es uns vor, als gäbe es nur eine Welt der Erscheinungen, die ihre Formen ständig erneuert, so wie wir unsere Körperzellen ständig erneuern, ohne daß wir deshalb nicht mehr da wären.

Wir beobachten diesen Kreislauf so oft, daß er uns kaum noch auffällt, daß er uns selbstverständlich wird und uns weder gut noch böse erscheint, sondern einfach nur *ist*.

Als *Skorpion* beobachten wir zuerst, daß die Gefühle unfrei sind. Sie tragen schwere Ketten, mit denen sie jeweils an ein Zimmer mit einem Ereignis gekettet sind. Ihre Reichweite ist minimal, ihre Aufmerksamkeit nur auf das Ereignis beschränkt, das sie bewachen. Sie bedrohen uns gar nicht. Wir können frei umhergehen, solange wir die Zimmer nicht betreten.

Wir beobachten, daß uns die Gefühle sogar ein bißchen stereotyp und lächerlich vorkommen, wie die Pappmachégeister einer Geisterbahn. Wir finden diese Hölle zwar nicht schön, aber sie ängstigt uns nicht mehr. Wir haben ja nichts damit zu tun. Wir glauben wiederum, unsere Lektion gelernt zu haben, werden aber zurückgehalten und aufgefordert, in eines der Zimmer zu sehen. Durch ein Fenster von außen ist das möglich, ohne das bewachende Gefühl zu erregen. Wir können jetzt gleichzeitig das Geschehen im Zimmer verfolgen und das Wächtergefühl beobachten.

Im Zimmer ist es völlig still und das bewachende Gefühl dämmert ziemlich mager und leblos vor sich hin. Es erscheint uns unterernährt. Wir warten eine Weile.

Plötzlich schreckt das Gefühl hoch. Gleichzeitig hört man Stimmen im Zimmer. Ein Mann schreit: „Wenn ich diesen Mistkerl erwische, schlage ich ihn tot!“ – „Du irrst dich, er kann es nicht gewesen sein. Der Junge ist gar nicht im Hause“, hört man eine Frau sagen. „Belüge mich nicht! Du versteckst ihn doch, wie immer, deinen Lieblingssohn. Aber ich sage dir, wenn ich ihn einmal erwische, dann gnade ihm Gott!“ Der Mann stiefelt grob durch das Zimmer. Die Frau steht kerzengerade vor einem niedrigen Ecktisch, daneben ein Bett. Der Mann geht noch einige Male durch das Zimmer. Das Wächtergefühl zerrt bei jedem Schritt unruhig an den Ketten. „Der Junge ist nicht im Hause, sagst du?“ – „Nein, er ist nicht im Hause. Ich sah ihn selber fortgehen“, erwidert die Frau. Der Mann stößt die Tür mit dem Stiefel zu und tritt ganz nah vor die Frau. Er faßt ihr entschlossen unter die Röcke. „Das paßt sich gut“, hört man ihn sagen. Dabei knöpft er sich die Hosen auf, zieht die Frau auf das Bett und beschläft sie.

Unserem Lernenden klopft das Herz vor Angst bis zum Halse. Er weiß nicht, wo er seinen Blick lassen soll und seine Ohren. Das rhythmische Quietschen des Bettes, das Stöhnen des Mannes. Der Lernende hält sich die Ohren zu und sieht aus Scham und Verlegenheit zum Wächtergefühl, das sich jetzt vor Qualen auf- und niederbäumt und, wie vom Ereignis im Zimmer genährt, immer kräftiger und stärker wird, bis es die gesamte Türhöhe einnimmt und groß und bedrohlich aussieht. Der Blick unseres Lernenden wandert erschrocken weiter, wieder ins Zimmer, angstvoll das Bett aussparend, und heftet sich schließlich an einen engen Schlupfwinkel zwischen dem Bett und dem Tisch, wo er in zwei riesige, angstvolle Kinderaugen starrt. Unser Seelenlernender zittert vor Entsetzen. Die Augen gehören einem Jungen. Dieser Junge ist *er* selber! Unser Lernender erkennt sich ganz genau. Es gibt keinen Zweifel. Er weint und schluchzt vor Angst, Scham und Pein und hält sich die Hände vor das Gesicht. Er ist außerstande, einen einzigen Schritt zu gehen. Aber er wird weitergestoßen.

In einem anderen Zimmer lärmt eine bunte Kindergesellschaft wild durcheinander. Man spielt Verstecken. Ein Junge fehlt noch. Man kann ihn nicht finden. Die Kinder rufen: „Komm heraus, wir finden dich nicht. Komm endlich, wir wollen etwas anderes spielen!“ Ein kleiner Junge sitzt in einer engen Nische zwischen einem Tisch und einem Bett und beobachtet angstvoll die Suche. „Komm doch endlich!“ rufen die Kinder. Der Junge klemmt sich immer weiter in die Ecke. Plötzlich entdeckt ihn ein kleines Mädchen. „Ich habe ihn! Ich habe ihn!“ ruft sie fröhlich und laut. In diesem Moment macht sich der Junge in die Hosen. Kreidebleich und zu Tode erschreckt kriecht er aus der Ecke hervor. „Der hat in die Hosen gemacht!

Der hat in die Hosen gemacht!“ jubeln schadenfroh die Kinder und gröhlen und lärmen um den kleinen Jungen herum.

Unser Lernender erkennt sich auch dieses Mal. Voller Scham und Qual will er nicht mehr weiter. Aber er muß.

In einem anderen Zimmer geht ein respektierlicher Mann gemessenen Schrittes auf und ab. Vor ihm steht angstvoll ein kleiner Junge. Auf einem Stuhl sitzt eine gepflegte Dame. Der Mann bleibt vor dem Jungen stehen und befiehlt ihm, sich zu bücken. Mit einem Rohrstock schlägt er dreimal kräftig auf den Jungen ein. Der Junge beißt die Zähne zusammen und winselt nur ein wenig. „Mein Sohn macht nicht in die Hosen!“ hört man den Mann sagen und die Dame setzt hinzu: „Entschuldige dich bei deinem Vater und versprich ihm, daß es nicht wieder vorkommt, sei brav!“ Der Junge entschuldigt sich und verläßt das Zimmer. Der Mann setzt sich zu der Frau und sagt enttäuscht: „Dieser Junge taugt nichts. Er wird es niemals zu etwas bringen.“

Unser Lernender weint beschämt. Er weiß, daß er selber dieser Vater ist und dieser Sohn. Es ist zuviel. Er will nicht mehr. Er will nichts mehr hören und sehen. Die Hölle wird zu seiner eigenen Hölle. Die Qualen der gefesselten Gefühle werden zu seinen eigenen Qualen. Er will diese Hölle verlassen, aber sie verläßt ihn nicht. Wo er auch ist, er schleppt sie immer mit sich herum.

Die Gespenstergefühle schreien nach Erlösung und werden doch immer wieder durch die einfachsten Erlebnisse genährt und erinnert. Diese rufen eine Kettenreaktion hervor von alten Gefühlen, Wertungen und Ereignissen und vernetzen sie auf eine verfängliche Art und Weise. Die Gesamtheit dieses Netzes ist das Abbild unserer Verstrickungen. Wir stolpern von Schlinge zu Schlinge und halten das für die Machenschaften eines allmächtigen Schicksals.

Hätten wir den Mut, in unserer eigenen Hölle weiterzugehen, so fänden wir sehr einfache und persönliche Gründe für unsere Ängste, unsere Wertzuweisungen, unsere Urteile und Anklagen. Wir fänden, daß alle Gegner und Bedrohungen nur in uns selbst existieren und daß wir uns deshalb nur selbst davon erlösen können.

Ich habe in diesem Beispiel, um es überhaupt darstellen zu können, in einem Punkt gelogen. Es gibt in der Hölle des Skorpions keinen Begleiter, der uns zwingt weiterzugehen, wenn wir Angst bekommen. Aber es gibt außerhalb Begleiter, zum Beispiel einen Therapeuten, der uns Mut machen kann, der aber weder die Zimmer noch die Wächtergefühle kennt. In unserer Unterwelt sind wir die alleinigen Herrscher. Das feste Lernen ist bereits ein freiwilliges Lernen. Uns wird die Möglichkeit gegeben, die Augen zu verschließen.

Der umgekehrte Tierkreis weist im Skorpion auf die Hölle, im Stier auf das Paradies. Sucht man die Hölle außerhalb sich selbst, befindet sich auch das Paradies außerhalb. Erkennt man die Hölle in sich selbst, ist auch das Paradies innerhalb.

Der Mensch des umgekehrten Tierkreises entlarvt die innere Hölle als eigene Inszenierung. Er entwertet die Gefühle und nimmt ihnen damit die zwanghafte stereotype Bedrohlichkeit. Er gibt den Gefühlen ihre eigenen Werte zurück und damit auch den Dingen, die eine Spiegelung der Gefühle sind. Er nimmt die Welt, wie sie ist. Er trennt nichts mehr ab und er wertet nichts mehr. Er hat das Paradies *in* dieser Welt gefunden.

Die Achse Stier – Skorpion ist wahrscheinlich die größte und zentralste Lernherausforderung an den Menschen. Diese einfache Werteachse, die wir so schnell mit „mein Besitz – dein Besitz" abtun, bringt uns vielmehr an den entscheidenden Wendepunkt in der Sicht eines Menschen. Im umgekehrten Tierkreis erwartet den Lernenden nach der Hölle die Befreiung vom Schicksalszwang. Sein Weg ist klar getrennt in einen leidvollen, suchenden *vor* Skorpion und einen lustvollen, seienden *nach* Skorpion.

Im Alltag kennt jeder Mensch Paradies und Hölle im Thema Reichtum/Armut oder Wichtigsein/Unwichtigsein oder geliebt werden/abgelehnt werden. Das Thema Haben oder Nichthaben erhitzt unsere Gemüter von klein auf. Hier machen wir alle die ersten Lernschritte der Achse Stier – Skorpion. Hier bleiben wir meistens ein Leben lang hängen.

Wer etwas besitzt, ist etwas wert (Stier). Wer nichts hat, ist eine Bedrohung, stiehlt und taugt nichts (Skorpion). Wir steigern das sogar noch, indem wir sagen: Wer nicht nach Besitz strebt, taugt nichts!

Wir geben den Dingen dauernd eigene Wertungen und ernähren damit automatisch ein Wächtergefühl in unserer Hölle. Je mehr wir die Dinge von uns aus bewerten, umso mehr müssen sie uns geneidet werden. Je mehr wir uns an den Stier klammern, desto destruktiver muß der Skorpion werden. Lassen wir den Dingen nicht einmal ihr eigenes Gesetz des Werdens *und* Vergehens – was wir fast nie tun – so zwingen wir selber den Skorpion zum Töten und Zerstören. Der Stier ist die geronnene Hölle des Skorpions. Unser Verhältnis zu den Dingen spiegelt unser Verhältnis zu unserer Hölle. Dabei ist es keine Lösung, jedem Besitz zu entsagen und „freiwillig" arm zu sein. Wenn das eine Flucht vor der Lernerfahrung Stier/Skorpion ist, fühlt man sich sehr unwohl und unecht dabei und schürt die Hölle nur umso mehr, indem man zum Beispiel alle Reichen verflucht.

Es gibt nur einen einzigen Weg zur Befreiung.

Wollen wir unbelastet Besitz genießen, so dürfen wir diesen nicht werten. Wir werden ihn aber nur dann nicht werten können, wenn wir unsere Gespenstergefühle erlösen. Also müssen wir zuerst Skorpionarbeit leisten, *bevor* wir die Dinge tatsächlich frei genießen können.

Unbelasteter und unbelastender Besitz bedingt Seelenentrümpelung. Unbelasteter und unbelastender Besitz verlangt Mut und Reife. Mut, in die Hölle überhaupt hineinzugehen, und Reife, mit ihr leben zu können.

Das Paradies hat eine Aufnahmeprüfung!

Kann man Dinge besitzen, ohne sie zu werten*, besitzt man sie eigentlich nicht mehr, sondern man begegnet ihnen und das sogar mit Freuden, sind sie doch geronnener Ausdruck befreiter Gefühle. Ohne Verlustangst kann man endlich tief in sie eintauchen und eine sinnliche Beziehung mit ihnen haben. Man bindet sich tatsächlich und stärkt sich durch dieses Band.

Wenn man die Dinge nicht mehr wertet, bezieht man auch keine Ersatzwerte aus ihnen. Deshalb ist eines der schönsten Geschenke der entwickelten *Stier-Skorpion*-Achse ein grundsolides, angstfreies, nicht-erpreßbares Selbstwertgefühl, das frei von jedem äußeren Besitz in uns selber ruht.

* Dabei mag man die Dinge durchaus unterschiedlich, aber man teilt sie nicht in gute und böse.

Ich kann diesen Abschnitt nicht beenden, ohne mich nicht kurz in die *„Hölle der Ehe“* zu begeben.

Sowohl der Vertrag, der die Ehe schließt, als auch der, der sie wieder scheidet, werden in der Astrologie dem Skorpion zugeordnet, weiterhin der gesamte gemeinsame Besitz, der Inhalt dieser Verträge ist. Wenn man den Flirt auch noch in die Waage placiert, sozusagen als Kunst am Menschen, dann wird aber spätestens aus dieser Begegnung ein Skorpion, wenn es um die Fragen geht: Was ist er? Was hat er? Was bringt sie mit? Wann stirbt die Erbtante? Wie hoch ist die Hypothek? Besteht ein Bausparvertrag ...

Früher waren das die legitimen Fragen, die zur Eheschließung führten oder nicht. Auch wenn wir uns das heute nicht mehr fragen und oft nicht einmal heiraten, so findet auch die moderne „wilde“ Ehe im Skorpion statt.

Jede Beziehung, die *verbindlich* (!) wird, gehört an das feste Kreuz. „Verbindlich“ weist darauf hin, daß man äußerlich und innerlich aneinander gebunden ist.

Exakt genommen ist eine Beziehung in dem Moment verbindlich, in dem einer der Beteiligten Eifersucht spürt, also Verlustängste nährt. In vielen Köpfen spukt noch die Vorstellung, daß Eifersucht ein Zeichen wahrer Liebe sei. Eifersucht ist ein Zeichen besitzergreifenden Wertens und ein Zeichen dafür, daß die Höllen der Liebenden aufeinander reagieren. Es können überhaupt nur zwei Menschen in eine enge Verbindung kommen, wenn ihre Höllen sich sympathisch sind, wenn sie sich also ineinander spiegeln können.

Die Ehe gibt dem Menschen die Möglichkeit in geregelter Form, gesetzlich legitimiert und öffentlich anerkannt, seine Hölle zu erfahren, wenn er hinsehen mag, oder sie zu verdrängen und auf den Partner zu projizieren, wenn er die Augen verschließt. Ich meine das durchaus nicht ironisch. Die Ehe erfüllt damit eine für die menschliche Entwicklung bedeutende Funktion.

Die Ehe ist die große Therapie vor der Psychologie. Der Priester ist der Therapeut. Es paßt durchaus in diesen Zusammenhang, daß mit dem Aufblühen der Psychologie ab 1900 auch die Scheidung langsam an gesellschaftlicher Bedeutung gewinnt und heute zur Tagesordnung gehört, wenn wir auch noch ein wenig ratlos vor diesem neuen Phänomen stehen. Tatsache ist jedoch, daß die sich enorm schnell verbreitende Psychologie und das dabei abgefallene populäre psychologische Alltagswissen vielen Menschen andere und neutralere Möglichkeiten geben, mit ihrer Hölle in Beziehung zu treten. Weiterhin darf zum erstenmal wissenschaftlich, was in diesem Fall entmoralisiert heißt, über Eheprobleme gesprochen werden. Die Psychologie und hier besonders die Therapie ist ein Katalysator der Skorpionerfahrung. Damit wird die Ehe und jede verbindliche Beziehung zwischen Menschen therapeutisch entlastet. Im Wassermann-Zeitalter wird die Jungfrau das achte Zeichen. Ich glaube deshalb, daß Verbindungen immer mehr durch eine gemeinsame Aufgabe zustande kommen. Die Vorstellungen von den Inhalten einer Ehe wandeln sich, und die Ehe ist nicht mehr der alleinige Ort, etwas über sein Unbewußtes zu erfahren.

Sie fragen mich, wo die Liebe bleibt? Liebe ist nach meiner Meinung die Sehnsucht des Menschen nach Vervollkommnung seiner Seele.

Eine Seele kann sich aber nur vervollkommnen, wenn sie vorher ihre eigene Hölle erlöst. So gesehen hat Liebe sehr viel mit Skorpion zu tun, ist aber nicht identisch damit. Liebe ist keinem einzelnen Tierkreiszeichen zuzuordnen, wohl aber das Paradies und die Hölle. Hier haben wir die Antwort schon gegeben. Die Ehe ist die Hölle, aber ein Weg ins Paradies!

Der Volksmund drückt die Polarität Stier – Skorpion sehr einfach aus: Ehen werden im Himmel geschlossen, aber auf der Erde gelebt.

Die Achse Stier – Skorpion ist ein Teil des festen Lernens.

In Jahren mit einem Stiersolarziel erfährt man etwas über die Dinge, den Wert, den man ihnen beimißt, und seine Abhängigkeit von ihnen. Viele Menschen reagieren darauf mit angestrengten Bemühungen, sich irgendwelche Werte zu schaffen. Am Ende eines Stiersolarjahres haben die meisten einen realen Besitzzuwachs zu verbuchen. Achten Sie einmal darauf, mit welchen Gefühlen Sie diesen erkaufen müssen.

In Jahren mit einem Skorpionsolarziel erfährt man etwas über seine Gefühlsgespenster. Dabei spielt Besitz eine auslösende Rolle. Vielleicht müssen Sie etwas loslassen oder versichern etwas aus Verlustangst oder machen eine Erbschaft mit Gefühlsfolgen oder lösen einen Hausstand auf oder versetzen ein Erinnerungsstück oder werden verklagt oder verklagen ...

Es ist immer dasselbe Schema. Man wird in eine Gefühlssituation hineingezogen, die den eigenen Gespenstern Nährboden bietet. Versuchen Sie das einmal klar zu sehen. Es tut immer weh, aber Sie können niemals mehr über sich erfahren. Fragen Sie sich dabei, wovor Sie Angst haben und woran Sie das erinnert.

Polare Entsprechungen:

Stier ♉	Skorpion ♏
Paradies	Hölle
Besitz	Verlust
haben	neiden
festhalten	loslassen

zulassen

Löwe – Wassermann

Die Achse Löwe – Wassermann ist eine Feuer-Luft-Achse. Wir befinden uns oben im Reich des schöpferischen Geistes und seiner Vorstellbarkeiten. Wir sind *Gesellen des Geistes*.

Was haben wir zu lernen?

Wir haben weder Einflüsse anzunehmen noch auszuüben. Wir haben uns zu binden an den Geist (Löwe) und zu binden an seine Vorstellbarkeiten (Wassermann).

Im Tierkreis nennt man die Achse Löwe – Wassermann die *Kreativitätsachse.* Daraus spricht bereits die Lust, die es macht, sich nach oben zu binden. Löwebetonte Menschen sind fasziniert vom Pathos des Lebens, wassermannbetonte Menschen vom Pathos der Ideen. Sie binden sich freiwillig voll glühendem Verlangen nach ausdrucksstarkem Leben und umwälzender Erkenntnis. Begegnen sie sich, hält jeder den anderen kurzfristig für seinen Bewunderer, was vom Löwen durch eine wirkungsvolle Geste und vom Wassermann durch eine revolutionäre Bemerkung vom Tisch gefegt wird. Man steht als Konkurrenten voreinander. Zunächst weicht keiner einen Schritt. Jeder ist fest gebunden an seine eigene unumstößliche Wichtigkeit. Äußerlich trägt der Löwe einen glanzvollen Sieg davon, aber innerlich beeindruckt der Wassermann, der klug seinen Rückzug als geistigen Sieg in hochintelligente Worte zu fassen weiß, die von solcher transhumanen Toleranz zeugen, daß mancher Bewunderer des Löwen einen Moment zögert, ob er nicht vielleicht seine Partei wechseln sollte. Zugegeben, äußerlich kann man keinen Staat mit dem Wassermann machen. Sein Erscheinungsbild bürgt nicht für hohe Einschaltquoten wie beim Löwen. Läßt man ihn aber reden, dann ist es, als schwinge das gesamte Universum mit. Alle Anwesenden vergessen das Sichtbare und sogar den Löwen, der tief beleidigt, aber hoch erhobenen Hauptes den Ort des Geschehens verläßt. Er macht das mit solcher Grandezza, daß mit Sicherheit jeder für einen Augenblick von ihm gefesselt ist.

Sie mögen sich nicht, werfen sich gegenseitig Publikumssucht und Dilettantismus vor. Der Wassermann hält den Löwen für einen eitlen, dummen Pfau, der Löwe den Wassermann für einen durchtriebenen Schwätzer und einen Unruhestifter. So schleichen sie umeinander herum, ohne jemals zu ahnen, was sie verbindet.

Löwe ist festes Feuer. Der Mensch bindet sich an den schöpferischen Geist. Er *ist* der schöpferische Geist. Dabei wird er weder von ihm beeinflußt wie der Schütze, noch beeinflußt er damit wie der Widder. Der Löwe ist die Identifikation des schöpferischen Geistes. Er ist die Lust, das Leben, das Schaffensprinzip selber. Er ruht in ihnen in fester Bindung. Deshalb rennt er dem Leben nicht hinterher oder sucht es überall. Der Löwe trägt das Feuer des Lebens gebunden an sich selber. Wo der Löwe ist, ist das Leben!

In allen festen Tierkreiszeichen werden die Elemente am klarsten ausgedrückt, weil sich hier die Tierkreiszeichen an die vier Elemente binden. Deshalb zeigt der Löwe das Feuer am klarsten, der Wassermann die Luft, der Stier die Erde, der Skorpion das Wasser. Die festen Tierkreiszeichen sind weder in passiver (beweglich) noch in aktiver Bewegung (kardinal). Sie präsentieren sich und ihre Bindung in aller Ruhe. Wir können sie betrachten wie Bilder einer Galerie und vor ihnen verweilen, solange wir mögen.

Der Löwe ist die Präsentation des Feuers. Er ist ständige Lust, ständiges Leben und Erleben. Der Schein des Feuers umgibt ihn als Glanz. Wo er ist, verlangt er Ovationen für das Prinzip, das er ausdrückt. Er ist das Leben und tritt als solches auf. Auf seine Umgebung wirft er großzügig Schatten, solange ihm gehuldigt wird. Er hebt andere in seinen Hofstaat und entläßt sie wieder, wenn sie seiner Würde nicht gerecht werden. Er brennt in ständiger Lust am Leben und in der Lust, Leben zu zeugen. Sein Feuer ist unlöschbar. Dabei regiert ihn als Feuerzeichen die Fähigkeit zum Augenblick. Erinnerung kennt er nicht und auch nicht das Leid der Seele. Sein Genuß ist ein Schöpfen aus der Gegenwart. So reiht sich Pose an Pose, Glanz an Glanz, Auftritt an Auftritt, Lust an Lust. Irgendwann strahlt das Leben durch mich in hellstem Schein. Irgendwann bin ich der funkelndste Glanz. Irgendwann bin ich der Größte. Irgendwann bin ich ein Gott. Irgendwann bin ich der einzige Gott. Ich muß mich nur der richtigen Pose, des richtigen Auftrittes, der richtigen Helfer bedienen. Das ist der Traum des Löwen und der größte Irrtum seines Daseins.

Wassermann ist feste Luft. Der Mensch bindet sich an die Vorstellbarkeiten des schöpferischen Geistes. Er bindet sich an die denkbaren, nachvollziehbaren und damit aussprechbaren Ideen. Dabei wird er von ihnen nicht beeinflußt wie der Zwilling und er beeinflußt nicht durch sie wie die Waage. Der Wassermann ist jede Idee selber und jede Verknüpfung von Ideen. Er rennt dem Wissen nicht hinterher, er *ist* das Wissen. Alles Wissen, das je gedacht wurde und je gedacht werden kann, ist dem Wassermann zugänglich. Er spaziert im Reich der Gedanken als Vertrauter, hegt und pflegt seine Schützlinge wie der Stier seine Dinge.

Unter seiner Konzentration und Assoziation verbinden sich ständig Gedanken zu Gedankenketten, wie Moleküle zu Molekülketten. Dabei treibt ihn genauso wie den Löwen die Lust am Ausdruck und die Begeisterung von sich selber. Wie ein Feuerwerk produziert er Gedanken, Gedankenketten, Gedankenkettensysteme und trennt sie wieder in ihre Bestandteile, um sie erneu zusammenzufügen. Er experimentiert und probiert. Sein Maßstab ist Originalität, Novität, Genialität. Er gibt jedes Denksystem sofort auf, wenn es ihn nicht augenblicklich fasziniert, hat er doch genügend Ideen, um immer wieder neue Systeme zu knüpfen.

So webt er seine großartigen Gedankenmuster und schmeißt sie wie Teppichfetzen unter die Menschen, die ihn als Reformer oder Revolutionär feiern. Dabei dient er nur immer und immer wieder demselben Prinzip.

Irgendwann habe ich alle Ideen und alle Gedanken neuartig verbunden. Irgendwann habe ich das wirkungsvollste Denksystem erdacht. Irgendwann bin ich der größte Denker und mein Denksystem ist das einzig denkbare. Das ist der Traum des Wassermannes und der größte Irrtum seines Daseins.

Trennt man den Löwen vom Wassermann und den Wassermann vom Löwen, so verfallen beide dem Größenwahn, bewundern sich selbst, beklatschen sich, verehren sich, finden sich unvergleichlich, genial und neigen sehr schnell zu exzentrischem Verhalten. Warum ist das so?

Feuer oder Luft auszudrücken ist dem Menschen eine Lust, ein Vergnügen. Alle Feuer- und alle Luft-Tierkreiszeichen werden von Anfang an positiv erlebt. Dabei ist dieses Erlebnis bei der festen Bindung natürlich am stärksten. Wir haben gesehen, wie der Stier und der Skorpion sich sofort die *Wertung* anmaßen. Diese ist beim Löwen und beim Wassermann auch vorhanden, wird aber durch die positive Grundeinstellung zweitrangig. Dafür verfallen sowohl der Löwe als auch der Wassermann der *Wirkung* ihrer Bindung, die ebenfalls nicht vereinbart war.

Wir sehen, wie schwierig die festen Tierkreiszeichen sind.

Der Löwe hat sich an das Feuer zu binden und sonst nichts.

Der Wassermann hat sich an die Luft zu binden und sonst nichts.

Täten sie das, würden sie sehen, was die Achse Löwe – Wassermann ihnen wirklich zu sagen hat.

Statt dessen merkt der Löwe schnell, wie wirkungsvoll Feuer sein kann, wie er sich damit ins Licht setzen kann, probiert alle Lüste und Auftritte aus, die ihm *Potenz* verschaffen und verwechselt das göttliche Feuer mit seinem egozentrischen Glanzbedürfnis.

Statt dessen nutzt der Wassermann die Wirkung der Luft, schmückt sich mit großen Ideen und Denksystemen, die ihm *Resonanz* verschaffen und verwechselt die ewigen Ideen mit seinem egozentrischen Sendungsbedürfnis.

Der extreme Löwe posiert vor jeder Kamera, um Resonanz zu haben, der extreme Wassermann spricht in jedes Mikrofon, um Potenz zu haben. Die Tierkreiszeichen scheinen auch hier vertauscht. Der Löwe braucht den Wassermann und der Wassermann den Löwen.

Wozu brauchen sie sich?

Bindet man sich wertungs- und wirkungsfrei an das Feuer, so ist man eine unerschöpfliche Energiequelle. Man ist der schöpferische Geist. Man ist Schöpfer. Alles was man tut, ist lebendiger Ausdruck des schöpferischen Prinzips. Wir haben ein Wort für diese Euphorie – *Kreativität.* In dem Wort Kreativität steckt das altlateinische creare = schaffen.

Der Löwe ist das Zeichen der Kreativität, das Zeichen des Schaffens aus Lust. Würden wir es fertig bringen, diese Energie zuzulassen, ohne ständig im Spiegel zu beäugen, wie das wirkt und ob wir gut ankommen, würden wir also unsere *ichbezogene* Denkweise zugunsten einer *selbstbezogenen* (im wahrsten Sinne des Wortes) fallen lassen, wir könnten die Lust des Schöpfens aus uns selber, den kreativen Schaffensprozess erleben. Wir würden die Lust eines Gottes erleben!

Selbstbezogen wären wir auf den Teil in uns bezogen, der authentisch ist, ehrlich und echt. Wir wären unser eigener Mittelpunkt, um den wir uns selber drehen. Wir wären eine Sonne. Wir wären uns unseres Selbst bewußt. Wir schöpften uns selber. Wir verwirklichten uns selber. Dabei vergäßen wir jede Äußerlichkeit, jeden Schein, jedes Unechte. Wir glänzten nicht mit Kleidung, Posen oder abgesprochenen Auftritten. Wir glänzten aus uns selber. Dieser Glanz ist unvergänglich und von seinem Ursprung her göttlich. Jeder große Künstler nährt diesen Glanz, der in seinen Werken tausendfach wiederglänzt.

Wir haben noch sehr viele Ängste vor der ungeheuren Schöpfungskraft des Löwen. Das Wort selbstbezogen hört sich für uns negativ an und auch unsozial. Dafür schämen wir uns. Der Löwe lehrt uns vieles über den schöpferischen Prozeß. Dieser ist immer selbstbezogen und unsozial, denn er findet außerhalb der Gesellschaft in mir selber statt.

Im Wassermann-Zeitalter wird der Löwe zum siebten Zeichen. Er wird zum Ideal des Zeitalters. Wir können überall beobachten, wie Menschen versuchen, schöpferisch zu sein. Das beginnt unentwickelt im Konsumieren fremder Schöpfungen, setzt sich fort im äußerlichen Aufputzen, findet weiter Ausdruck im hobbyhaften Basteln und Werken und gelangt schließlich zu den Versuchen eines inneren Ausdruckes, festgehalten im gemalten Bild, im selbstgeschriebenen Text, in der komponierten Musik …

Bindet man sich wertungs- und wirkungsfrei an die Luft, „ist" man die Summe aller Ideen. Alles denkbare Wissen ist man selber. Würde man hier die *persönliche,* auf Wirkung ausgerichtete Denkweise zugunsten einer *überpersönlichen* Sichtweise fallenlassen, entdeckte man zuerst das Erstaunliche, nämlich daß die Ideen niemandem gehören. Sie lagern in ihrem Luftreich tatsächlich ohne Copyright. Es gibt keinen ersten Denker, auch keinen großen.

Luft ist die Polarität von Feuer. Der schöpferische Geist stellt sich selbst eine Ebene tiefer noch einmal dar in Form von Ideen. Luft ist der Aspekt des Feuers, den wir in Worte fassen können. Damit sind die Ideen genauso „alt" wie der schöpferische Geist, und der ist ewig und zeitlos. Es gibt keine alten und keine neuen Ideen. Es gibt nur Ideen, die dem Feuer entsprechen.

Als nächstes würden wir entdecken, daß diese zeitlosen Ideen ziemlich unverdaulich sind und in ihrer puren oder fast puren Form höchstens in philosophischen Urtexten vorkommen, zum Beispiel als das inzwischen so geläufige „wie oben, so unten".

Um das Feuer als Erkenntnisfähigkeit in der Luft abbilden und benennen zu können, müssen viele Worte um die Ideen herum gewoben werden und dann muß alles noch miteinander in Zusammenhänge gebracht werden. Diese Drapier-, Kommentier- und Vernetzungsarbeit ist die eigentliche Tätigkeit des Wassermannes. Hier beginnt sein schöpferisches Tun. Wie ein Koch kreiert er aus immer denselben Grundideen neue Menüs, ohne dabei dem Wahn zu verfallen, jedesmal die Kartoffel neu entdecken zu müssen.

Es gibt also keinen ersten Denker, aber es gibt erste Verknüpfer. Diese haben überpersönliche Ideen das erstemal verknüpft und für sich in Worten und Sätzen kommentiert. Dabei hatten sie eine persönliche Erkenntnis, die sie vielleicht aufgeschrieben haben und die wir gerade in der Hoffnung lesen, dadurch irgendwie weiterzukommen, aber es passiert nichts. Wir lesen noch einmal und noch einmal. Es bleibt dabei. Die Erkenntnis paßt nicht zu uns. Wir könnten sie höchstens auswendig lernen, laufen dabei aber Gefahr, sie dauernd zu vergessen und sie bestimmt nicht parat zu haben, wenn wir sie benutzen wollen.

Wir lesen etwas anderes. Die Worte, die wir lesen, betreffen uns. Sie fallen wie Samen auf vorbereiteten Boden und sprießen in uns. Wir schöpfen die Worte neu und haben eine Erkenntnis, die uns zu eigen ist und die zu uns paßt. Wir haben diese Erkenntnis ausgedrückt und deshalb drückt uns diese Erkenntnis auch aus. Wir haben ein Stück Erkenntnis in unserem Leben geschaffen. Wo immer wir sind, können wir diese Erkenntnis neu ausdrücken, indem wir sie erneut aus uns schöpfen. Dabei werden wir andere Worte benutzen, aber ihr innerer Ausdruck bleibt solange derselbe, solange diese Erkenntnis zu uns paßt. Wir können sie gar nicht vergessen. Sie ist in einem schöpferischen Prozeß an uns gebunden und nicht durch Imitieren an uns gefesselt.

Der Wassermann lehrt uns vieles über den Erkenntnisprozeß. Er ist ein individuell nachvollzogener, neugeschöpfter, kreativer und immer originaler Vorgang jedes einzelnen Menschen. Nur solche Erkenntnisse sind lebendig und beschreiben die Umwelt des Menschen, ihn selber und seine Beziehung dazu. Niemandem bleibt dieser Erkenntnisprozeß erspart, will er Schöpfer seiner Umwelt werden. Im Wassermann schöpft der Mensch aus der Fülle aller denkbaren Umwelten und Beziehungen seine eigene. Er denkt seine geistigen Lebensbedingungen, denkt den Rahmen, in dem er leben will. Er denkt das geistige Muster, in das seine Seele aufsteigen kann. Dazu stehen ihm alle Ideen leihweise zur Verfügung. Er kann sich ihrer nach Lust, Laune und Bewußtseinsstand bedienen. Dabei wäre der Bewußtseinsstand eine Art Filter, der auswählt, welche Ideen ein Mensch zu persönlicher Erkenntnis umschöpfen kann und welche nicht.

Im Zeitalter des Wassermannes ist der Wassermann natürlich das erste Zeichen. Das gesamte Zeitalter wird durch den Wassermann charakterisiert. Wir beginnen zu ahnen, welchen Einfluß wir auf die Umwelt haben, daß wir letztlich Erschaffer unserer Umwelt sind. Wir beginnen zu ahnen, daß das mit unseren Gedanken zu tun hat.

Die Achse Löwe – Wassermann verbindet Kreativität mit Erkenntnis, Potenz mit Resonanz. Die „unsozialen“, außerhalb der Gesellschaft entstehenden, kreativen Einzelprozesse werden im Wassermann durch gedankliche Verkettung zu einem Erkenntnisnetz gewoben.

Dieser Vorgang gilt genauso für den einzelnen Menschen wie für die Gesellschaft. Der Löwe produziert und der Wassermann kommentiert. Im Wassermann erkennt der einzelne Mensch seinen Bezug zur Gesellschaft im Ausdruck seiner Werke.

Im Wassermann erkennt die Gesellschaft eine zugrundeliegende Idee zwischen den Einzelkreationen aller Löwen und nennt diese dann Stil, Epoche oder Paradigma.

Im umgekehrten Tierkreis wird der Mensch im Wassermann in die Regeln der Gesellschaft eingeführt, im Löwen wird er zum Schöpfer seines Lebens und verwirklicht sich selber. Wir könnten hinzufügen, er findet sich selber im Löwen, weil er seine geistigen Rahmenbedingungen im Wassermann kennengelernt hat. Mit den Regeln der Gesellschaft sind keine bestimmten politischen Regeln gemeint, sondern gerade die Freiheit, sich alle Umwelten denken zu können. Dadurch wird die bestehende reale Umwelt zu einer möglichen unter vielen denkbaren. Ihre Realität ist ein geronnenes Ergebnis der Schöpferkraft der Menschen oder des Menschen.

Kreativität ist die polare Entsprechung einer Gesellschaft. Geistige Rahmenbedingungen sind die polare Grundlage einer persönlichen Kreativität. Der schöpferische Mensch ist nicht von seiner Umwelt zu trennen und die Umwelt nicht vom schöpferischen Menschen. Beide erzeugen sich in einer ewigen polaren Wechselbeziehung.

Das Wissen um die schöpferische Beziehung zwischen mir und meiner Umwelt gibt als schönstes Geschenk der Achse Löwe – Wassermann eine freie, lustvolle und ebenfalls nicht erpreßbare *Selbständigkeit.* Wer sich wirklich wertungs- und vor allem wirkungsfrei an den Löwen bindet, wird die nie versiegende Quelle der Kreativität kennenlernen, die aus ihm selber sprudelt. Er wird wissen, daß er ein Schöpfer ist und er wird wissen, daß alle Menschen Schöpfer sind. Dieses Wissen macht ihn frei von der Angst, wie lange ihm wohl noch etwas einfällt und wann er nicht mehr gefragt ist, und dieses Wissen nimmt ihm die Anmaßung, ein besonderer Schöpfer zu sein. Die Bindung an das Feuer gibt dem Menschen ein unerschütterliches Vertrauen.

Die Bindung an die Luft im Wassermann gibt ihm zusätzlich die Fähigkeit, sich mit einzubeziehen. Diese Bindung macht den Menschen frei von der Angst, ohne Bezug außerhalb verbannt zu sein.

Selbständigkeit ist Vertrauen in das eigene Prinzip (Löwe) und Vertrauen in das Prinzip der Umwelt (Wassermann) ohne Beweise, ohne Versicherungen, ohne Zweifel.

Selbständigkeit ist Vertrauen in das Leben selbst.

Im Solarzielzyklus kommt man in den Jahren mit einem Löweziel in Berührung, mit seiner eigenen kreativen Energie. Im Laufe des Jahres vermehrt sich die Lust am Ausdruck der eigenen Person. Man sucht sich Gelegenheiten zum Mittelpunkterlebnis und bekommt diese auch von außen angeboten, zum Beispiel eine Rede zu halten, oder ein Ehrengast zu sein, oder eine Feier zu gestalten oder, oder, oder ...

Hat man bereits früher kreative Versuche begonnen, greift man diese wieder auf. Am Ende eines Jahres mit einem Löweziel hat das eigene Leben in irgendeiner Form Glanz erhalten. Man hat etwas von Selbstbewußtsein und Selbständigkeit gespürt, aber auch etwas von Anmaßung und Überheblichkeit.

In Jahren mit einem Wassermannsolarziel wird man mit neuen Schlußfolgerungen alter Ideen konfrontiert. Man hat die Chance zur Um- oder Neugestaltung seiner Umwelt. Man erkennt zum Beispiel, daß man seine Umgebung gar nicht mag und zieht um, oder daß man ohne die Kinder in den Urlaub fahren kann, oder daß man einer Gruppe alleine ohne Partner beitreten kann, oder daß ein Wochenende ohne Elternbesuch möglich ist, oder daß Arbeit auch Spaß machen kann, oder daß teure Dinge nicht automatisch gut sein müssen, oder daß Experten irren können, oder daß Verzichten auch ein Gewinn sein kann, oder, oder, oder ...

Am Ende eines Jahres mit einem Wassermannziel hat man in irgendeiner Form neue Bezüge in seinem Leben geschaffen. Man hat etwas gespürt von Freiheit und Selbstgestaltung, aber auch etwas von Umsturz und Rebellion. Und man hat die Lust gespürt, sich vom Rhythmus des Lebendigen, von der Veränderung selber, tragen zu lassen.

Polare Entsprechungen:

Löwe ♌	Wassermann ♒
Werke	Worte
Potenz	Resonanz
Kreativität	Erkenntnis
Mittelpunkt	Umfeld

Das feste Lernen

Das feste Lernen Vest das Lernen des Gesellen, der bereits eine Wahl hat: hinzusehen oder wegzuschauen. Entbindung ist nicht möglich.

Seele und Geist erlauben dem Gesellen, sich auf jeweils zweifache Weise an ihre ureigenen Gesetze zu binden. So könnte der Lernende des festen Kreuzes alles über die Seele und alles über den Geist erfahren. Er darf ganz Seele sein und ganz Materie. Er darf ganz Geist sein und ganz Erkenntnis. Als Lehrling des beweglichen Kreuzes offenbarte sich ihm Sinn und Aufgabe. Als Geselle des festen Kreuzes kann er Selbstwert und Selbständigkeit erhalten.

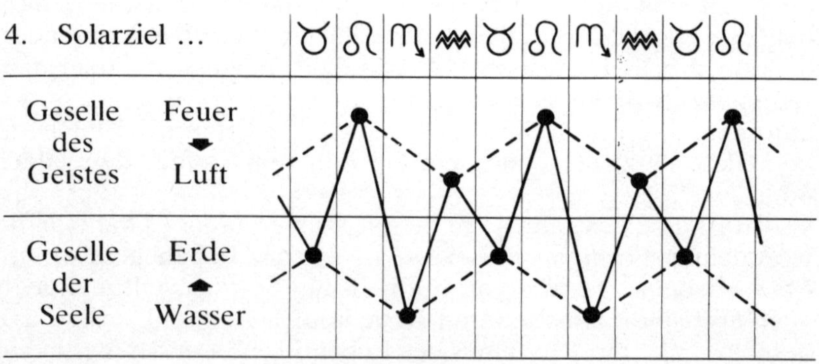

solare Lernkurve: jährliche Beobachtung und polare Entzopfung

Die feste Lernkurve sieht natürlich genauso aus wie die bewegliche. Auch hier schwingt ein ewiger Seele – Geist – Seele – Geist usw. Rhythmus, der zur Selbstbeobachtung entzopft werden kann, wie ich es für das bewegliche Lernen vorgestellt habe und hier nicht zu wiederholen brauche.

Im Kreuz werden Geist und Seele, oben und unten zusammengeführt. Im langsamen Aufrichten des Kreuzes, zum Beispiel durch Solarzielbeobachtung, kann der Mensch diese Einheit neu erleben.

Gehen Geist und Seele im beweglichen Kreuz eine flüchtige, eben bewegliche, Beziehung ein, so gehen sie im festen Kreuz eine feste Beziehung ein. Deshalb läßt sich nirgends die einheitliche Zweiheit von Geist und Seele besser erleben, erkennen, anfassen und erfühlen als hier:

- Jedes einzelne Ding ist in der Art, wie es uns gefühlsmäßig berührt, Spiegel unserer Seele.
- Alle Dinge zusammen sind in der Art, wie sie als Gesamtheit unsere Umwelt formen, Spiegel des Geistes.

So haften an den Dingen die Seele *und* der Geist. Die Welt der Erscheinungen, einschließlich unseres eigenen Körpers, präsentiert uns alles, was wir wissen wollen und alles, was wir wissen müssen. Die Erde ist der Ort der körperlichen Manifestationen. Die Dinge sind die Kernpunkte unseres Lernens. Wir begreifen die Dinge oder gehen mit ihnen unter, weil wir uns in ihnen nicht begriffen haben.

Im Abschnitt „Kreuz des Lernens“ habe ich behauptet, daß sich die Dinge nur so inkarnieren, wie es der Seele entspricht, niemals so, wie der Geist es sich vorstellt.

Das können wir jetzt präziser fassen:

Der Wassermann-Löwe lehrte uns, daß alle denkbaren Umwelten kraft schöpferischer Neuverknüpfung wirklich werden können.

Der Stier-Skorpion lehrte uns, daß alle Dinge geronnene Seele sind.

Der Mensch besitzt tatsächlich die Kraft, sich Dinge zu erdenken.

Deshalb glauben viele, durch positive Gedanken ihr Leben „sinnvoll denken zu können“. Im ersten Teil geht diese Rechnung auf, nur im zweiten Teil nicht.

Alle Dinge, die wir uns denken, werden aus dem Stoff unserer Seele gemacht. Es gibt keinen anderen Grundstoff für Dinge. Im zweiten Teil müssen wir deshalb diese kühn erdachten Dinge seelisch verdauen. Und das heißt, wir müssen die Seelengespenster ertragen, die huckepack auf den Dingen sich halbtot darüber lachen, wieder Einlaß in unser Leben zu haben.

Zu spät erkennen wir diesen diabolischen Pakt unserer eigenen verdrängten Teufel, die nur ihre Pflicht tun zu unserem Heil. Es ist ein Trugschluß, über den Geist dem Jammertal entfliehen zu wollen, solange die unerlöste Seele mit bleierner Schwere zur Erde zieht.

Geist und Seele haben gleichermaßen Anteil an unserem Leben. Die Seele ist das Trägheitsmoment, der Geist der Animator. Wenn wir unsere eigenen Seelengespenster nicht in Liebe befreien und adoptieren, kann der Geist lange locken.

Deshalb inkarnieren sich die Dinge nach dem Zustand der Seele und nicht nach unseren vorgestellten geistigen Utopien.

Drehen wir zum Schluß das Ganze noch einmal um:

Eine erlöste Seele ist dann die Grundlage zur Verwirklichung *jeder* geistigen Utopie.

Wenn das kein Anreiz ist!

Das feste Lernen erweist sich für uns als Dreh- und Angelpunkt zum Begreifen der Schöpfung. Vielleicht werden deshalb die vier Evangelisten des Neuen Testamentes den vier festen Tierkreiszeichen zugeordnet und zwar in folgender Weise:

♉ Stier	=	Lukas	♏ Skorpion	=	Johannes
♌ Löwe	=	Markus	♒ Wassermann	=	Matthäus

Ein historisches Paradebeispiel für das feste Kreuz ist das *höfische Leben.* Hier dreht sich alles um den weltlichen „Gott auf Erden" in Gestalt des Königs oder Kaisers (Löwe). Ihm gegenüber steht die Hofgesellschaft (Wassermann), die dem Herrscher Umfeld verschafft. Beide spiegeln sich in Pose, Glanz und Gloria. Der vom Hofe verbannte, ins tiefste Verließ gesperrte, ärgste Feind (Skorpion), der auf verschlungenen Pfaden auch Anspruch auf den Thron hätte, hat seine Spitzel und Vertrauten heimlich bei Hofe. Sie bedienen sich der hohen Kunst der Verschwörung. Inzwischen magert der verstoßene Gegenspieler im Verließ tatsächlich bis auf die Knochen zum GESPENST ab. Mit Geld und Schätzen (Stier) hält der offizielle König seine Anhänger bei Laune und seine Gefängnisse* ausbruchsicher. Mit Geld und Schätzen (Stier) intrigieren die Gespensterabgeordneten bei Hofe. Jeder mißtraut jedem. Die Wände haben Ohren. Alles ist eine Frage der Zeit. Dann wird der König gestürzt, sein Widersacher besteigt den Thron (oder sein heimlich aufgezogener Sohn). Jetzt sitzt der ehemalige König im Verließ. Alles beginnt von vorne ...

Die veräußerte Darstellungsform des festen Kreuzes ist in allen Gesellschaften dieselbe. Je mehr sich ein Mensch zum *einzigen* Gott abhebt, desto mehr Gespenster muß er einsperren und desto mehr (Bestechungs-)Gelder braucht er.

Eine sinnvolle Darstellungsform des festen Kreuzes ergibt sich meiner Meinung nach erst dann, wenn wir die Königsdramen in uns selber hineinverlegen. Lange genug haben wir sie außen studiert, in Geschichte, Literatur und Kunst dargestellt. Es sollte uns möglich sein, sie im Wassermann-Zeitalter, das ein festes Zeitalter ist, nach dem Axiom „wie außen so innen" nun endlich nach innen zu verlegen.

* Ein Hinweis für Astrologiekundige: Bekanntermaßen ist dem Prinzip Fische das übliche Gefängnis zugeordnet, wo man eine gewisse Zeit der Läuterung mit Kenntnis der Mitmenschen und unter Verwendung des geltenden Gesetzes ausgesetzt wird. Skorpion ist dagegen gleichzusetzen mit dem tiefen Verließ. Man wird heimlich dorthin verschleppt und tief unter der Erde *ohne* Licht begraben.

Die kardinalen Lernstoffe

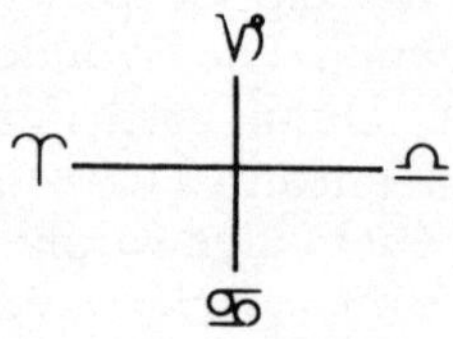

♋	Krebs	Wasser
♑	Steinbock	Erde
♈	Widder	Feuer
♎	Waage	Luft

Krebs – Steinbock

Die Achse Krebs – Steinbock ist eine Wasser-Erde-Achse. Wir befinden uns unten im Reich der Seele und ihrer Manifestationen. Wir sind *Meister der Seele.*

Was haben wir zu lernen?

Wir haben Einflüsse auszuüben, Einflüsse der Seele (Krebs) und Einflüsse ihrer Manifestationen (Steinbock).

Wer das kardinale Kreuz betritt, wird zum Probemeister. Er hat die freie Wahl in Form und Inhalt, aber er kann von dieser Prüfung weder zurücktreten noch sie zeitlich verkürzen.

Wie ein Dirigent vor sein Orchester wird er vor die vier Elemente gestellt und gebeten, etwas Eigenes zu arrangieren. Dabei verhalten sich die Elemente exakt so, wie der Prüfling selbst sie in Bewegung setzt. Das Ergebnis ist mehr oder weniger harmonisch, vielleicht auch ein furchtbares Durcheinander. Der Meisterschüler erfährt sich selbst. Es gibt keine Prüfungskommission, nur ihn. Das kardinale Kreuz macht jeden zum eigenen Prüfer. Es gibt kein Entrinnen und kein Schummeln. Die eigenen Werke tragen oder stürzen.

Schauen wir uns näher an, was diese einmalige und genial erdachte Meisterprüfung uns abverlangt.

Im Tierkreis nennt man die Achse Krebs – Steinbock die *Entwicklungsachse.* Das weist bereits darauf hin, daß es sich um einen (seelischen) Prozeß handelt, der den Menschen in seiner Entwicklung weiterbringen soll. Krebsbetonte Menschen orientieren sich einzig und allein am Gefühl, steinbockbetonte Menschen an den Dingen. So bevorzugt der Krebs den Umgang, der seiner Seelenlage entspricht. Am liebsten produziert er diesen selbst in Form einer Familie. Ihr prägt er seinen seelischen Stempel auf. Ihr fühlt er sich verpflichtet, um sie kämpft er.

So bevorzugt der Steinbock die klare Aussagekraft der Dinge, die er für objektiv und unbestechlich hält. An ihnen orientiert er sich, das ist sein Maßstab. Schaudernd steht er vor der Subjektivität der Krebsgefühle. Sie sind für ihn der Anfang des Unterganges. Trifft er auf einen Krebs, sieht er mitleidig und von oben auf dieses chaotische Gefühlswesen, hält er es doch für lebensunfähig und infantil.

Oft schert sich der Steinbock aus Zeitnot nicht weiter um den Krebs. Dabei hätte dieser ihn gerne um irgendeine Hilfe gebeten, bewundert er den Steinbock doch heimlich wegen seines Realitätssinns. Andererseits ist der Krebs ganz froh, denn er hält es in der Nähe des Steinbocks nie lange aus. Ihm sterben jedesmal vor Eiseskälte alle Glieder ab. Dabei traut er sich nicht, es dem Steinbock zu sagen. Würde dieser sein Zittern doch als Schwäche und Disziplinlosigkeit abtun.

Manchmal hat der Steinbock gerade Zeit. Dann tätschelt er dem Krebs die Wangen und streicht ihm über das Haar. Dabei wird ihm im Rückgrat ganz warm und sein Mitleid wird zur Fürsorge. Vielleicht nimmt er den Krebs sogar auf den Schoß wie ein Kind und erzählt ihm ein bißchen vom Leben der Erwachsenen, von großen Taten und Ergebnissen, von Selbstüberwindung, eisernem Willen, Durchhaltevermögen und unumstößlichen Plänen. Der Krebs schaut ihm bewundernd in die Augen, rutscht aber schon unlustig hin und her und würde den Steinbock gerne mit seinen Scheren zwicken, hätte dieser auch nur ein winziges bißchen Fleisch dafür. Aber der Steinbock ist ein Gerippe. Deshalb sagt der Krebs endlich mit kindlichster Unschuldsmiene, daß er Hunger habe, aber das Gas in der Küche schon seit Tagen irgendwie nicht mehr funktioniere. Er wüßte gar nicht warum. Jedem anderen hätte der Steinbock die Unterbrechung seiner großartigen Notwendigkeiten übel genommen. Nicht so diesem Kinde. Es weiß ja gar nicht, was es sagt und steckt voller Unschuld. So erhebt sich der Steinbock, faßt den Krebs bei der Hand und man hört ihn sagen, daß das überhaupt kein Problem sei ...

Eigentlich brauchen sich der Krebs und der Steinbock. Wenn sie sich doch nur ein bißchen mögen und achten könnten! Aber das können sie nicht. Zu groß ist das Gefälle zwischen ihnen. So leiden sie von Anfang an unter ihrer Beziehung und fragen sich, was sie eigentlich verbindet.

Krebs ist kardinales Wasser. Die Seele hat Einfluß auszuüben. Das Ergebnis ist ein Leben in ständiger Gefühlsdominanz. Dabei wird man nicht mehr von Gefühlen beeinflußt wie die Fische und man ruht nicht mehr in ihnen wie Skorpion. Der Krebs hat mit seiner Kenntnis über die Seele nun etwas anzufangen. Er hat zu zeigen, was er gelernt hat. Er soll „probedirigieren", damit man sähe, wessen Meister er ist.

Also legt der Krebs los: pianissimo – piano – forte – fortissimo. Er ist in seinem ELEMENT, fühlt sich wohl und dirigiert voll Hingabe seine eigene Schöpfungssymphonie:

Mit alten und uralten verpflichtenden Gemeinsamkeiten beeinflußt er seine Umgebung. Dabei leistet ihm seine Fähigkeit zur Erinnerung große Dienste. Der Krebs erwähnt zum Beispiel, daß man irgendwann zusammen zur Schule gegangen sei (pianissimo) oder zusammen Äpfel geklaut habe, wobei man ihn erwischt hätte (piano). Er bringt in Erinnerung, daß sein Vorfahre unserem Vorfahren selbstlose Dienste geleistet habe (forte) oder berichtet stolz, daß seine Kinder sehr erfolgreich und beschäftigt seien und es ihm gar nichts ausmache, daß sie so selten kämen, hätte er doch früher schon nächtelang auf sie gewartet während der Ausbildung und ihnen dabei Pullover gestrickt, weil sie so wenig Geld verdienten … (fortissimo). Nach diesem furiosen Anfang ist der Krebs etwas ermüdet und dirigiert den zweiten Teil seiner Symphonie allgemeiner. Er läßt anklingen, daß alle besseren Familien im Sommer aufs Land fahren, daß eine gute Hausfrau im Frühjahr die Matratzen wendet, daß man spätestens zur goldenen Hochzeit eine Seereise macht, daß Pelze bei jungen Mädchen unschicklich sind, daß …

Die spontane seelische Einflußnahme gelingt dem Krebs immer, nicht aber die anhaltende Wirkung. So sinnt er nach immer raffinierteren Methoden und durchforstet seine Erinnerung nach immer verpflichtenderen Fakten.

Irgendwann habe ich alles nach meinem Gefühl ausgerichtet. Irgendwann entspricht jede Seele meiner. Irgendwann orientieren sich alle an mir, weil ich so warmherzig, gefühlvoll und selbstlos bin und nur das Beste für alle *will.* Das ist der Traum des Krebses und der größte Irrtum seines Lebens.

Steinbock ist kardinale Erde. Die Welt der Erscheinungen hat Einfluß auszuüben. Das Ergebnis ist ein Leben in ständiger Sachdominanz. Dabei wird man von den Dingen nicht mehr beeinflußt wie die Jungfrau, und man ruht nicht mehr in ihnen wie der Stier. Der Steinbock hat mit seiner Kenntnis über die Dinge etwas anzufangen. Nun muß er „probedirigieren".

Also legt der Steinbock los:

Er haßt Gefühlsausflüchte und Fisimatenten aller Art. Sein Dirigieren ist klar und schnörkellos und er kennt nur zwei Variationen, nämlich laut oder gar nicht. So gleicht seine Schöpfungssymphonie einem Marsch, der ausreicht, alle Elementarteilchen des Universums im Gleichschritt auszurichten. Die manifeste Welt erzittert, wenn er dirigiert; formt sich unter der Macht jedes Akkordes zu kritiklosen Mustern und ordnet sich völlig unter seinen Takt. Was hier passiert, ist wesentlich.

Eigentlich reichten ein paar Akkorde zur Demonstration des Steinbockes völlig aus. Aber jetzt ist der Steinbock erst richtig in seinem ELEMENT. Er hat seinen Grundakkord gesetzt. Diesen hält er von nun an bis in alle Ewigkeit durch.

Mit Planung, Beharrung und Härte gegen sich und andere beeinflußt der Steinbock seine Umgebung. Er entscheidet sich, mit sieben Jahren Großunternehmer zu werden oder Schachweltmeister und wird es auch. Vielleicht reicht es ihm auch, ein gefürchteter Finanzbeamter zu werden, ein hoch respektierter Oberlehrer, ein perfekter Polizist oder ein fehlerfreier Politiker. Stets trifft er nur eine Entscheidung und führt diese Schritt für Schritt über Jahrzehnte bis zur Perfektion durch. Dabei hindern ihn keine persönlichen Gefühle. Er kennt nur den Dienst an der Sache. Beim Dienstjubiläum wagt keiner zu fehlen. Man macht große Worte und gratuliert mit der Angst der Kleinheit im Herzen. Es fallen Worte wie Strebsamkeit, Selbstdisziplin und Ordnung, auch solche von Tradition, Dankbarkeit und Verpflichtung. Die Stimmung ist ebenso. Man versucht unauffällig zu entfliehen, fühlt sich wie ein ausgetrockneter Schwamm, der langsam hart wie Stein wird, und findet endlich ein Loch nach draußen. In der nächsten Kneipe braucht man schnellstens ein oder zwei Bier. Das Leben hat einen wieder.

Der Steinbock weiß, daß sein Einfluß nur in seiner unmittelbaren Umgebung perfekt funktioniert und das auch nur, wenn er ständig persönlich zugegen ist. So grübelt er sich tiefe Furchen ins Gehirn, wie er seinen Einfluß vergrößern könnte. Ich werde noch härter arbeiten, noch unnachgiebiger Fehler ausmerzen.

Irgendwann habe ich alle von der Richtigkeit meiner Methode überzeugt. Irgendwann gibt es keinen Zweifel, kein Zögern mehr und keine halben Sachen. Irgendwann orientiert sich alles an meinen Vorgaben, weil sie überzeugend und klar sind und ich nur das Beste für alle *will.* Mit mir haben alle Erfolg, ohne mich keiner.

Davon ist der Steinbock überzeugt und das ist der größte Irrtum seines Daseins.

Der *extreme Steinbock* bettelt um Mitgefühl für seine selbstlose, nur an den Dingen orientierte Tyrannei, der *extreme Krebs* tyrannisiert seine Familie mit ebenso selbstlosen Gefühlen. Auch im extremen Fall üben sie noch Einfluß aus.

Die kardinalen Achsen sind keine Zustandsachsen mehr wie die festen, sondern *Verursacherachsen.* Man muß sich das wirklich einmal klar machen. Alle kardinalen Zeichen *müssen* etwas bewegen. Sie müssen ständig einen Prozeß auslösen. Von ihnen geht ständig ein Energiefluß aus, der in die Umgebung schwingt. Der Krebs sendet als Dauerton Seele, der Steinbock Erde (der Widder Feuer, die Waage Luft). Wäre einem das klar, so mancher würde bitten, in seinem Leben die kardinalen Tierkreiszeichen wegzulassen. Manche haben sich entschieden, sie wenigstens nicht mit zu vielen Planeten zu besetzen. Trotzdem enthält unser Leben für alle Menschen auch die Erfahrung der kardinalen Zeichen. Wenigstens zwei- bis dreimal im Leben verlangt der Solarzielzyklus eine Zuwendung zu ihren Rätseln. Versuchen wir zu verstehen:

Die Achse Krebs – Steinbock versucht auf zweifache Weise etwas Wesentliches über unsere Seele auszusagen, im Tierkreiszeichen Krebs direkt als Gefühl, im Tierkreiszeichen Steinbock in geronnener Form über die Dinge.

Wir haben in Fische erfahren, was unsere Seele für dieses Leben als Aufgabe (Jungfrau) erinnert. Wir haben in Skorpion erfahren, in welchem Zustand sich unsere Seele zur Zeit befindet und damit unseren „Marktwert“ (Stier) in dieser Welt. Uns fehlt noch das entscheidende Wissen, wie sich unsere Seele zu diesem Zustand hinentwickelte. Uns fehlt noch die Geschichte unserer Seele. Dann verständen wir sowohl ihren jetzigen Zustand als auch den Grund für unsere Aufgabe. Wir verständen unsere *Entwicklung*.

Und genau das will uns die Achse Krebs – Steinbock mit viel Aufwand, Mühe und Genialität sagen. Deshalb ist sie das Meisterstück in der Seelenarbeit. Deshalb heißt sie Entwicklungsachse.

Das Tierkreiszeichen Krebs ist ein Sammelbecken aller jemals gemachten seelischen Erfahrungen aller Menschen. Die Gefühle sind mit ihren Ereignissen nicht mehr getrennt und anschaubar in Szene gesetzt wie im Skorpion*, sondern wie alte Akten, die niemand mehr braucht, irgendwie übereinandergeworfen. Es gibt keine Einzelheiten mehr und keine Trennungen. Alles ist ein einziger Morast von Gefühlen. Es wäre sinnlos, etwas zu suchen oder wiedererkennen zu wollen. Was hier einmal gelagert wurde, unterliegt dem Gärungsprozeß alles Lebendigen. Unter ständiger *Wärme*entwicklung zersetzen sich die Gefühle in ihre Grundsubstanzen und Wesentlichkeiten, sinken am Ende eines Lebens in die Tiefe und werden mit der Zeit zu einem mooosweichen, gefühlsschwangeren Seelenhumus, dem Nährboden unserer Existenz, dessen Grundwasser die Ursuppe ist, in der alles Beseelte seinen Anfang nimmt. Über Krebs sind alle Wesen verwandt und auseinander in ewigen Zyklen hervorgegangen. Die oberen Schichten erzählen unsere persönliche bewußte Geschichte. Sie sind noch nicht in die Tiefe abgesunken und betreffen das jetzige Leben. Die mittleren Schichten erzählen unsere unbewußte Geschichte. Die unteren Schichten erzählen die Geschichte aller Menschen, die tiefsten vom Anfang der Welt.

So wie eine uralte Eiche aus ihren eigenen abgefallenen Eichenblättern herauswächst, so wachsen wir aus unseren abgelegten Gefühlen und Handlungen (Karma) heraus.

* Im Skorpion trifft jeder auf seine eigenen unerlösten Gefühle, die noch den Stachel des Giftes in sich tragen. Erst wenn wir sie befreien und zu Grabe tragen, können sie zum Seelenboden werden, der uns und die Menschheit trägt (Krebs).

Wie kann man nun etwas über sein Karma erfahren?

Man kann sich natürlich erinnern, wenn auch nur bruchstückhaft und ungeordnet wegen des Zersetzungsprozesses, in dem nach und nach alle Äußerlichkeiten zerfallen. Diese Möglichkeit bestaunen wir zur Zeit. Man könnte dabei auf den Gedanken kommen, daß man nur genügend Erinnerungen haben müßte, um sein Schicksal zu begreifen. Ich halte das für verführerisch quantitativ gedacht. Außerdem ist es „unganz“:

Wasser erkennt sich nicht im Wasser.

Karma erkennt sich nicht im Karma.

Der Tierkreis ermöglicht uns eine ganz andere Methode. Das Element Wasser spiegelt sich im Element Erde. Alle Gefühle, alle Seelenanteile gerinnen in die Dinge. Alle Gefühle, alle Seelenanteile, die uns selber betreffen, gerinnen in die Dinge, mit denen wir selber umgehen. Wir haben im Stier die geronnene Hölle des Skorpions kennengelernt. Jetzt begegnen wir im Steinbock unserem geronnenen Karma. Wie kann man sich das vorstellen?

Im Krebs drängen alle Seelenanteile wie Gärungsblasen nach oben. Ihnen haften genau die Wertungen an, die unsere Geschichte sind, aufgeschrieben in Seelensprache. Wir greifen die Wertungen erneut auf und bringen sie als Einflußnahme in die Welt. Damit erfüllen wir im Krebs unseren kardinalen Auftrag.

Wir werten zum Beispiel krebsgerecht: Eine Mutter muß man ehren, Kinder sind jede Mühe wert, die Familie ist heilig, eigener Herd ist Goldes wert, oder, oder, oder ... Archetypisches fließt mit Persönlichem zusammen und richtet die Umwelt aus in Moral und Sitten. Dann fließen die gewerteten Seelenanteile weiter und gerinnen in die Dinge. Dabei bleibt die Wertung erhalten. Sie fließt sozusagen zum Steinbock hinüber und haftet jetzt den Dingen an. Deshalb kann es nicht die Aufgabe des Steinbocks sein, die Dinge zu werten. Er übernimmt sie ja schon vom Krebs gewertet. Was bleibt dem Steinbock übrig?

Er läßt die Dinge für sich selber sprechen und beobachtet, daß sie von den Menschen unterschiedlich angenommen werden. Jetzt beginnt die kardinale Arbeit des Steinbocks.

Er *wertet aus*.

Er analysiert, strukturiert, reduziert auf das Wesentliche und hält schließlich die Formel in Händen, nach der der Krebs irgendwann einmal unbewußt seine Seelenanteile gewertet hat. Das Wissen um diese Formel, ihre Herkunft und seine Fähigkeit, sie jederzeit erneut aus den Dingen herausfiltern zu können, hält der Steinbock geheim, denn das ist bereits Meisterwissen und muß von jedem Menschen selber gefunden werden. Trotzdem erfüllt er seine Aufgabe der Beeinflussung durch die Erde. Er verschlüsselt seine Formel und gibt sie den Menschen im gesellschaftlichen Leben zurück als Gesetz und Ordnung, im persönlichen Leben als Status und Erfolgsstreben.

Und was machen die Menschen folgerichtig?

Sie ordnen sich genau dem Gesetz unter, das ihre eigene geronnene Moral und Sitte ist und sie streben bis zur Selbstaufgabe nach genau den dinglichen Werten, die sie selber als Abbild ihrer Geschichte in die Welt gesandt haben.

Alles ist in schönster Ordnung. Man muß wirklich nur sehen lernen. Jeder Mensch befindet sich sowohl gesellschaftlich als auch privat in einem seiner eigenen Geschichte entsprechenden Zustand. Die Art des Strebens in der dinglichen Welt ist ein Schlüssel zum Karma. Wasser erkennt sich in Erde.

Karma erkennt sich im Dharma.

Der Steinbock entpuppt sich als Gerippe der Seele, der Krebs als ihr Fleisch. Der Krebs ist die Grundsubstanz, der Steinbock der Aufbauplan dazu. Die Seelenmasse Krebs gerinnt im Steinbock zur ihr zugrundeliegenden Struktur.

Jetzt begreifen wir auch, warum der Krebs nicht müde werden darf, als Dauerton „Wasser" zu senden. Er sendet ununterbrochen Signale seiner eigenen Seele. Nur wenn der Krebs diese Signale aussendet, kann der Steinbock analysieren und sein Ergebnis dem Krebs wieder als Lebensvorgabe vor die Nase setzen.

Man kann das noch schärfer fassen. Das Kardinale *zwingt* den Steinbock zu strukturellen Vorgaben, Plänen und Mustern, wenn der Krebs Seelensignale sendet.

So zwingt und tyrannisiert der Steinbock äußerlich, weil der Krebs innerlich dauernd dazu den Schalter drückt.

Ein sehr einfaches Beispiel aus der Chemie soll uns diesen wichtigen Zusammenhang noch einmal verdeutlichen.

Kieselsäure* hat die chemische Formel $Si0_2$ für Siliziumdioxyd. 1 Siliziumatom bindet 2 Sauerstoffatome zu 1 Kieselsäuremolekül. Für Kieselsäure ergibt sich daraus folgende „Entwicklungsachse“: Im Krebs befinden sich viele einzelne Silizium- und Sauerstoffseelenteile, denen die unbewußte Erinnerung Kieselsäure anhaftet. Der Krebs sendet diese Seeleninformation ungeordnet aus. Der Steinbock empfängt geronnene Silizium- und Sauerstoffatome mit der unbewußten Erinnerung Kieselsäure. Er analysiert und reduziert diese Erinnerung auf die Formel $Si0_2$ und gibt eine Arbeitsvorgabe an die geronnenen Silizium- und Sauerstoffatome, sich zwecks Erfolges im Verhältnis 1:2 zu verbinden. Der Steinbock erteilt diese Vorgabe ohne jeden weiteren Kommentar und ohne jede Erklärung. Die Silizium- und Sauerstoffatome haben aber keine Lust, nach der Pfeife des Steinbocks zu tanzen. Sie wollen lieber ungebunden und unstrukturiert sein. Sie wollen nicht „erwachsen“ werden. Sie wollen sich nicht aufrichten zu ihrem Ziel und Verantwortung wollen sie auch nicht übernehmen. Sie schimpfen auf den Steinbock, daß er ein Tyrann sei. Also übt der Steinbock vermehrten Druck aus, denn der Krebs sendet unverändert seine Signale mit der verschlüsselten Seelenbotschaft „Kieselsäure“.

Schließlich verbinden sich die Silizium- und Sauerstoffatome widerwillig zu Kieselsäuremolekülen. Sie sind jetzt, was sie lange schon waren, aber das ist ihnen solange nicht bewußt, solange sie sich nicht aus eigener Verantwortung nach ihrem Gesetz richten.

Im Krebs lagert unbewußt die Erinnerung an unsere Seele und ihre Entwicklung. Im Steinbock wartet die bewußte Analyse. Jeder Mensch trägt diesen Prozeß in sich selber.

Es ist der Irrtum des Steinbocks, seine analysierenden Fähigkeiten, die sich immer auf seine *eigene* Geschichte beziehen, anderen Menschen als Vorgabe aufzuzwingen.

Es ist der Irrtum des Krebses, seine seelischen Signaltöne, die immer seine *eigene* Seele betreffen, anderen Seelen als Muß aufzuprägen.

Der Krebs und der Steinbock sind eine polare Einheit in jedem Menschen selber. Die Seelenmeisterschaft kann jeder nur alleine antreten. Gerade krebs- oder steinbockbetonte Men-

* An Metalle gebunden in den sogenannten Silikaten bildet Kieselsäure den Hauptbestandteil der Erdrinde.

schen, besonders solche mit der Sonne in diesen Tierkreiszeichen, glauben leicht, sie bräuchten nur den einen Teil dieser kardinalen Aufgabe zu lösen. Sie suchen sich einen Partner für den anderen Teil und zerstören damit den Sinn der ganzen Achse. Alle Krebs-Steinbock-Beziehungen unter Menschen sind in dieser Gefahr. Dann weigert sich der Krebs zu analysieren, und der Steinbock weigert sich, Gefühle auszusenden. Das Ergebnis ist karmische Verstopfung und ein Drama. Der Steinbock analysiert dauernd sein eigenes Karma und zwingt es dem Krebs als Lebenslösung auf. Der Krebs sendet dauernd seine Seelentöne und zwingt sie als einzige Möglichkeit für Gefühl dem Steinbock auf. Beide sind miteinander in einem Teufelskreis.

Im umgekehrten Tierkreis ist der Mensch im Steinbock voll verantwortlich und alleine. Im Krebs findet er seine Erinnerung, also Zugang zu seiner Seele, die er als Kind in Fische schon einmal hatte. Wir erfahren auch hier, daß man zuerst für sich selbst Verantwortung übernehmen muß, wenn man sich an sich selbst erinnern will. Wir erfahren weiter, daß man dabei *immer* alleine ist, egal wie viele Menschen anwesend sein mögen oder wie viele Menschen man zu seinen Freunden zählt.

Jeder Astrologieanfänger weiß, daß Steinbock in der Praxis mit Karriere und Erfolg in Beziehung gebracht wird, der Krebs mit Familie und Kindheit. Im Zuge der Verinnerlichung und Transpersonalisierung traut sich so mancher Astrologiefan nicht mehr, vom Steinbock zu reden. Man schämt sich aus diffusen esoterischen Gründen, ein Strebender zu sein.

Unsere Deutung der kardinalen Seelenachse wirft nun ein ganz anderes Licht auf das Streben. In Abwandlung von Goethes Zitat am Ende von „Faust, zweiter Teil“ könnte man sagen:

„Wer immer strebend sich bemüht, der kann sich selbst erlösen.“ Streben nach etwas ist Grundlage zur Erinnerung der eigenen Herkunft. So gesehen ist Streben immer ein Erfolg. Dabei geht es nicht um die äußeren Dinge, wonach wir streben. Sie sind unwichtig und ersetzbar. Es geht um die Art und Weise, wie wir streben. Das Gesetz, das hinter unserem Streben sichtbar wird, ist der Schlüssel zu uns selber. Eine äußere, fest umrissene Karriere auf Biegen und Brechen durchzuziehen ist deshalb ein sehr fragwürdiger Erfolg. Läßt sich doch an einer zwanghaften

Karriere auch nur ein zwanghaftes Gesetz ablesen. Natürlich hat auch dieses mit uns zu tun. Wir werden aber unser eigentliches Gesetz aufgrund seiner Verunstaltung nicht erkennen können.

Im Tierkreis harmonieren alle Erdezeichen. Sie bilden, wenn man sie verbindet, ein (göttliches) Dreieck. Das gilt für alle Elemente. Stier–Jungfrau–Steinbock ist das Erdetrigon, wie man dieses Dreieck nennt. In Richtung des Tierkreises gelebt, ist es die Erfolgsfalle des selbstwertschwachen Menschen: Besitzwunsch (Stier) zwingt zur Arbeit (Jungfrau) und zum Erfolg (Steinbock). Der relative Erfolg befriedigt nicht, verlangt nach mehr Besitz. Dieser muß mit noch mehr Arbeit und noch größerem Erfolgszwang errungen werden ... Es ist, als würde man eine Schraube dauernd verkehrt herum eindrehen wollen. Sie faßt nicht, fällt immer wieder heraus, dreht sich nicht tief ein in das Fleisch der Seele.

Steinbock–Jungfrau–Stier ist ein Atemzug (kardinal–beweglich–fest) und der Dreiklang der Erde: Allein auf sich gestellt, erträgt man die Abgetrenntheit (Steinbock), findet seine Aufgabe (Jungfrau), erlangt dadurch Selbstwert (Stier) und erfährt ein Streben (Steinbock), das der Aufgabe zugute kommt, erlangt sogar äußeren Besitz und erlebt einen Erfolg, der Ausdruck der eigenen Seele ist. Diese Spirale ist aus sich selbst heraus im Einklang mit innen und außen. Dabei begann sie im Steinbock in der Abgetrenntheit, in der Kälte, der Ungeborgenheit und der Desorientierung. Sie beginnt niemals in der Überlegung, was Erfolg versprechen könnte. Der Weg zu uns selbst ist für unsere Gehirne unlogisch. Das ist sein Geheimnis. Der logische Weg leuchtet uns zwar ein, aber er erstickt uns langsam, da er kein Atemzug ist. Wir haben die Wahl: Logisch zu ersticken oder unlogisch zu atmen.

In Solarjahren mit einem Steinbockziel sind wir nah an der Erfahrung, was für uns Erfolg ist. Das Jahr bietet äußere Gelegenheiten zum Sich-wichtig-machen, verlangt dafür aber erstikkungsähnliche Arbeitseinsätze. Wahrscheinlich sagen wir, daß wir nur noch das eine schaffen müssen, dann werde alles anders. Haben wir es ohne Herzinfarkt oder totalen Reinfall geschafft, wird natürlich nichts anders. Horchen Sie dabei einmal auf die Stimme Ihrer Seele, warum Sie das haben machen müssen. Es ist ein wichtiger Hinweis für Ihre Geschichte.

In Solarjahren mit einem Krebsziel meldet sich die Seele selbst und schaltet sich in unser äußeres Leben ein. Wir kommen in enge Berührung mit ihren Wünschen, die uns als Kind schon einmal bewußt waren. Deshalb erinnern wir uns zum Beispiel mit Wehmut an unsere Kindheit, vergleichen unser Elternhaus oder unser eigenes Zuhause mit diesen Gefühlen. Vielleicht erwägen wir, eine Familie zu gründen oder mit einer verwandten Seele in wärmeren Kontakt zu treten. Dabei sind unsere Seelenwünsche kardinal. Sie wollen also durchgesetzt werden und sind deshalb nicht selten Anlaß zu Familienstreit, weil man seine eigenen Wünsche von anderen erfüllt haben möchte. Beobachten Sie Ihre Wünsche, und erinnern Sie sich in Jahren mit einem Krebsziel an Ihre Kindheitsträume. Beides sind wichtige Hinweise für das Streben im Steinbock. Was ein Mensch träumen kann, kann er auch leben und erstreben.

Das kardinale Kreuz ist das Meisterkreuz, das bisher nur von wenigen Menschen bewußt verinnerlicht werden kann. Die Allgemeinheit braucht äußere Formen, die ihrer inneren gemeinsamen Moral und Sitte entsprechen und die sie für vorgegeben und unveränderlich halten. Die Achse Krebs-Steinbock ist bei vielen Völkern sehr lange unangetastet als *Familienhierarchie* gelebt worden. Dabei ist der Steinbock die Hierarchie und der Krebs die Familie.

Da die Frau archetypisch eine Seeleninkarnation ist, ist es folgerichtig, daß sie zu Hause bleibt (Krebs) und der Mann Erfolg (Steinbock) für alle haben muß. Der Mann strukturiert die Familie äußerlich als Oberhaupt und Verantwortungstragender, die Frau gestaltet innerlich das Seelenmilieu. Alle tragen zum Zeichen des Gesetzgebers den Namen des Vaters. Dieser bestimmt nach außen das Schicksal der Familie, dem sich alle unterordnen. Es gibt noch kein Bewußtsein für ein Einzelschicksal. Bei fester und unangetasteter Rollenverteilung ist die patriarchale Familie *eine* legitime Ausdrucksform der Achse Krebs–Steinbock. Es ist weiterhin nicht verwunderlich, daß diese Form im Fische-Zeitalter zur Blüte gelangte, war doch der Steinbock das elfte Zeichen dieses Zeitalterhoroskops und bestimmte damit die gesellschaftliche Organisation. Da man sich unter Strukturen nur hierarchische vorstellen konnte entsprechend der eigenen König-Untertan-Situation, war die hierarchisch-patriarchische Familie ein zutreffendes Spiegelbild des inneren Bewußtseins.

Im Wassermann-Zeitalter lösen sich diese Ausdrucksformen auf und verändern sich ziemlich kurzfristig zu Formen, die dem neuen Zeitalter und damit dem neuen Bewußtsein besser entsprechen. Wir können uns heute andere Strukturen vorstellen, zum Beispiel partnerschaftliche. Dabei ist jeder Teil autonom, also selber ein Ganzes, geht aber aus Gründen einer höheren Vernetzung Beziehungen ein. Wir simulieren in dieser Denkweise den Aufbau des Kosmos, der aus unzähligen ganzen selbstverantwortlichen Teilen immer wieder ein neues Ganzes bildet.

Initiator der Achse Krebs – Steinbock ist der Krebs. Steinbock ist lediglich geronnener Krebs. Deshalb kann die hierarchische patriarchale Familiensituation, die heute unser allgemeines Bewußtsein nicht mehr spiegelt, *nur* von der Frau gelöst werden. Sie ist der kardinale Auslöser!

Tierkreisphilosophisch stellt sich die Emanzipation der Frau dar als ein Freigeben ihrer alleinigen Position als Seelenhüterin. Indem die Frau selber „strebend sich bemüht“, gibt sie dem Mann die lange für ihn gehütete Seele in seine eigene Verantwortung. Mann und Frau werden dadurch zu ganzheitlichen Wesen*, jeder mit dem Bewußtsein eines selbst zu verantwortenden Einzelschicksals.

Sie fragen, was aus den Kindern wird?

Es ist ein Irrtum, daß die Familie lediglich „erfunden“ wurde, um Kinder aufzuziehen. Damit macht man die Kinder zum alleinigen Familiengrund und zu Sündenböcken.

Im äußeren Leben der Menschen hat sich *Krebs* über die Horde zum Stamm, zur Sippe, zur Großfamilie und letzten Endes zur Kleinfamilie reduziert. Dabei waren diese Lebensgruppen immer Karmagruppen. Sie vereinen Menschen unter ein gemeinsames Schicksal und drücken damit ein bestimmtes Massenbewußtsein aus, dem sich alle Mitglieder ungefragt verpflichtet fühlen. Ja, jedes Mitglied einer intakten Karmagruppe kann sich ein anderes Leben überhaupt nicht vorstellen!

Wenn wir langsam zu Individuen werden, die alleinverant-

* Unter dem Vorbehalt, daß der Mann der Frau noch die Initiative wiedergeben muß, damit sie auch Anteil am schöpferischen Geist hat (siehe Widder – Waage).

wortlich sein wollen und sein können, wenn wir also den Gedanken eines alleinverantworteten Einzelschicksals ertragen können, dann werden unsere Kinder dieses Bewußtsein spiegeln.

Ich glaube sogar, daß alles umgekehrt ist: Die Kinder des Wassermann-Zeitalters sind selbstbewußte und selbstwertstarke Einzelseelen mit einer Lust zur Vernetzung. Sie drücken das feste Kreuz genauso aus, wie es das Zeitalter selber tut. Wir, die Eltern, können uns eigentlich nur beeilen, Anschluß an unsere ungeborenen Kinder zu halten, die sich über unsere Familienprobleme achselzuckend wundern werden, weil sie diese gar nicht mehr verstehen können.

Die Wassermannfamilie wird weiterhin bestehen, aber sie wird zum Treffpunkt von Einzelseelen, die sich ihrer Einzigartigkeit bewußt sind und diese auch bei anderen achten, wenn sie gelebt wird. Von Eltern wird damit ein gewaltiger Bewußtseinssprung verlangt. Kinder sind nicht mehr mit Hingabe, Fürsorge und Tradition zu beeindrucken, sondern nur noch mit selbstverwirklichtem Leben. Daß man dabei ihre kleine Seele eine gewisse Zeit ins Leben hineingeleitet, ist eine Fürsorge *allem* Lebendigem gegenüber, nicht mehr eine persönliche Schuld-Verpflichtung-Beziehung.

Die immer gestellte Frage, ob Familie oder Beruf*, stellt sich vor diesem Hintergrund als Übergangsproblematik eines Bewußtseinswandels heraus, nicht aber als Grundsatzproblem.

Je mehr Frauen sich aufrichten (Steinbock), desto mehr Männer müssen Seelenarbeit (Krebs) leisten. Beide werden dadurch gleichberechtigt und gleich ermächtigt, die Seele ihrer Kinder für eine Zeit zu hüten, bis diese – viel zu früh – selber wissen, was sie wollen.

Im Solarzielzyklus klingen diese Umorientierungen auch an. In Jahren mit einem Krebsziel trauern Frauen ihrer alten überholten Rolle nach, verfallen eventuell noch einmal in ihre zu lang gewohnten Strukturen, obwohl sie dabei unglücklich sein müssen. Männer erleben dasselbe in Jahren mit einem Steinbockziel. Sie versuchen mit besonders großem beruflichem Einsatz

* Jungfrau ist die Aufgabe, die in Steinbock zum Beruf strukturiert wird. Dann sehen alle, wozu man berufen ist. Ohne Jungfrau wird Steinbock zur sinnlosen äußeren Berufsfassade. Astrologen sprechen deshalb in Jungfrau und Steinbock gleichermaßen von Beruf.

und einer übertriebenen Sachlichkeit ihrer bereits hörbar gewordenen Seele aus dem Wege zu gehen. Auch sie werden dabei unglücklich sein.

In Jahren mit einem Steinbockziel wagen Frauen dafür erste Schritte in ihre Alleinverantwortung, und Männer erkunden in Jahren mit einem Krebsziel ganz vorsichtig ihre seelische Seite.

Polare Entsprechungen:

Krebs ♋	*Steinbock* ♑
zusammen	allein
Substanz	Analyse
Moral	Gesetz
Sitte	Ordnung
Massenseele	Einzelverantwortung

selbstverantwortliches Seelenwesen

Widder – Waage

Die Achse Widder – Waage ist eine Feuer-Luft-Achse. Wir befinden uns oben im Reich des schöpferischen Geistes und seiner Vorstellbarkeiten. Wir sind *Meister des Geistes.*

Was haben wir zu lernen?

Wir haben Einflüsse auszuüben, Einflüsse des Geistes (Widder) und Einflüsse seiner Vorstellbarkeiten (Waage).

Im Tierkreis nennt man die Achse Widder – Waage die *Begegnungsachse.* Daraus spricht wieder die Orientierung auf den Augenblick, die Wesen aller Feuer-Luft-Achsen ist. Man begegnet sich – und trennt sich wieder – begegnet sich – und trennt sich wieder …

Dabei scheint der Schwerpunkt auf der Begegnung zu liegen, die der Achse den Namen verlieh.

Widderbetonte Menschen orientieren sich einzig und allein am Puls des Lebendigen, waagebetonte Menschen am Grad der Bildung.

So bevorzugt die Waage alles geistreich Kultivierte und der Widder alles schweißtreibend Natürliche.

Auf freier Wildbahn treffen sie sich höchst selten, legt die Waage doch viel Wert auf einen gepflegten Umgang. Sie versteht darunter mindestens irgendein akademisches Semester, Tafelsilber für 12 Personen und ein Premierenabonement. Dem Widder ist das alles recht „wurscht“. Er benötigt ein paar Hanteln, einen Expander und einen Sandsack im Flur. Abends rennt er joggend durch die Straßen, erledigt nebenbei ein paar gute Geschäfte mit Handschlag, kauft ein Lokal, das er sofort übernehmen will und ärgert sich, daß der Notar nicht zu erreichen ist. Dieser ist zur Zeit im Konzert, danach Tisch im „Pipapo“. Als der Türsteher den Widder nicht einlassen will, hängt er diesen kurz an die Garderobe. Dann bändelt er mit allen Bardamen an und schmeißt eine Lokalrunde. Der Notar, der eine Waage ist, erscheint in verbindlicher Mode. Der Widder haut ihm erst einmal kräftig auf die Seidenschultern, zieht seinen inzwischen erstandenen Leihschlips auf „halb acht“ und donnert händereibend: „Dann man los!“

Die Waage versucht noch ein paar fruchtlose Ausflüchte in die Etikette. Dann beugt sie sich den Urgewalten.

Am nächsten Tag erscheint die Waage erschöpft und verspätet im Büro, der Widder zapft abends sein erstes Bier und überlegt, ob er den Schnellimbiß an der Ecke übernehmen soll.

Wie gesagt, auf freier Wildbahn treffen sich Widder und Waage selten und dann stets unerfreulich für die Waage. Dabei hat die Waage in einem gewissen Abstand und ritualisiert eine tiefe Bewunderung für die Kraft des Widders. Sie fühlt sich sogar tief im Innersten davon angezogen. Deshalb bietet sie dem Widder ihre Gunst und bei bester Leistung sogar ihren Applaus, wenn dieser als Polospieler, Jockey, Rennfahrer, Tennisspieler oder rasanter Abfahrtsläufer unter ihrer kulturellen Führung brilliert.

Am Abend jedoch, wenn die Waage zum Empfang bittet, will man wieder unter sich sein. Zu groß ist das Gefälle zum Widder. Dieser wäre aber auch ohne den diskreten Hinweis „nur geladene Gäste“ nicht erschienen. Sind ihm doch die Lustbarkeiten der Waage unerträglich fade.

So halten sie sich gegenseitig auf Abstand und glauben etwas mitleidig voneinander, ein Fehlgriff der Natur zu sein.

Widder ist kardinales Feuer. Der schöpferische Geist hat Einfluß auszuüben. Gezwungen zum Dauerton Feuer ist jetzt der Widder an der Reihe, seine Meisterprüfung abzulegen. Er hat zu zeigen, wie er mit dem Lebendigen selber umgehen kann, wie er damit etwas in Bewegung setzen kann. Was tut er?

Wie dirigiert er seine Schöpfungssymphonie?

Der Widder braucht als einziger keine Noten, denn er kennt keine Vorgaben. Vor ihm kann gar nichts sein. Er selber ist der Anfang. Seine Kraft initiiert den zündenden Funken. Dabei gibt es kein Konzept und keine Proben. Und es gibt kein Nacheinander, sondern nur ein totales lustvolles Miteinander. Also bewegt der Widder alle Musiker, ihre Instrumente kraftvoll und typisch zum Leben zu erwecken, ohne auf den anderen zu achten. Der entstehende Klang – oder besser Lärm – ist ein Urgewitter möglicher Geräusche, wie wir ihn ahnungsweise aus dem Einstimmen eines Orchesters kennen. Damit ist der Widder schon fertig. Das ist sein Beitrag. Auf Verlangen und mit Zustimmung seiner eigenen Lust initiiert er noch einmal einen Anfang, noch einmal und noch einmal ... Er wird niemals müde anzufangen, aber alles weitere interessiert ihn nicht. Wir wundern uns. So einfach hat es der Widder?

Widder ist Einfluß durch Lebendiges. Das Ergebnis ist ein Leben in den Startlöchern. Alles was sofort sein kann, gefällt dem Widder. Seine unerschöpfliche initiative Urkraft beeinflußt jeden. Damit zwingt er anderen sein Feuer auf und reißt sie mit. Es gibt kein Mittel dagegen. Der Widder erreicht seine kardinale Aufgabe immer. Er freut sich wie ein Kind und bildet sich jedesmal ein, diese Tat sei die größte, tollste, umwerfendste. So setzt er Rekorde in die Welt, nur um sie selber zu brechen.

Irgendwann habe ich jede Initiative ergriffen. Irgendwann habe ich jede Tat getan. Ich muß nur sofort noch diese eine tun. Dann bin ich der Stärkste, Mutigste und Kühnste. Daran glaubt der Widder und das ist der größte Irrtum seines Daseins.

Waage ist kardinale Luft. Der erkennende nachvollziehbare Geist hat Einfluß auszuüben. Gezwungen zum Dauerton Luft ist jetzt die Waage an der Reihe ihre Meisterprüfung abzulegen. Was tut sie? Wie dirigiert sie ihre Schöpfungssymphonie?

Die Waage gibt zuerst bekannt, was sie spielen wird, denn sie greift immer auf Vorhandenes zurück. Dabei wählt sie entsprechend ihrem kardinalen Auftrag etwas alle Menschen Verbindendes. Sie wählt die Harmonie und Schönheit, von der sich alle Menschen nur zu gerne beeinflussen lassen. So dirigiert die Waage sehr wahrscheinlich einen Walzer, der alle Menschen augenblicklich taktvoll verbindet und in diesem vollkommenen Erlebnis vereint. Alle fühlen etwas von sich in der Darbietung der Waage ausgedrückt. Jede Trennung scheint aufgehoben. Es existiert nur noch das gemeinsame Schöne.

Man bittet die Waage um Zugabe. Sie wiederholt exakt Teile des Gespielten, denn etwas Neues kann sie aus sich heraus nicht beginnen.

Waage ist Einfluß durch Gedachtes. Das Ergebnis ist ein vorgestelltes Leben, ein Leben voller Vorstellungen. Alles Denkbare, das Menschen tief beeinflußt, gefällt der Waage. So wählt sie mit Vorbedacht das aus, was alle Menschen gerne dächten, daß sie es wären. Die Waage schenkt der Menschheit ein ideales Bild voll von Charme, Esprit, Kultur, Harmonie, Schönheit und Ästhetik. Jeder findet darin eine Facette seines Wesens. Man strebt sogar voller Lust und Begierde nach immer größerer Vervollkommnung. Dabei orientiert man sich gerne an den Vorgaben der Waage. Diese erdenkt deshalb möglichst vollkommene Bildungs- und Verhaltenssysteme und führt sie als ihr erster und größter „Meister" vorbildlich öffentlich ein. Sie nennt das Kultur, Kultiviertheit, Etikette, Benimm, Höflichkeit, Kinderstube ...

Man ist dankbar für die Belehrungen der Waage, will doch jeder ihrem Ideal entsprechen, sich ihm möglichst ganz und gar anpassen.

Die Waage erreicht ihr kardinales Ziel immer. Sie diktiert Mode, Kunst, Umgangsformen und bestimmt, was schön ist und was nicht. Dabei zwingt sie sich als ihr ergebenster Diener ständig selber in ihre Ideale, die sie zur Not sogar mit unschönen Grobheiten verteidigt.

Irgendwann habe ich alles Denkbare harmonisch verbunden. Irgendwann gibt es keine Kanten, keine Spannungen und kein Gefälle mehr. Irgendwann gibt es nur noch Schönheit und Ästhetik. Ich muß nur noch diesen einen Gegensatz einigen. Daran glaubt die Waage und das ist der größte Irrtum ihres Daseins.

Die extreme Waage verteidigt ihre Harmonie mit grober Initiative, der extreme Widder setzt seine Initiativen zur Not mit Charme und Anpassung durch. Auch extrem beeinflussen sie noch, wie wir es bereits vom Krebs und vom Steinbock kennen.

Alle kardinalen Tierkreiszeichen kommen niemals aus dem Bewegen-müssen heraus. Es ist ihr einziger Auftrag und eine Meisterleistung.

Im umgekehrten Tierkreis ist der Mensch im Widder in die Welt geworfen, in der Waage findet er zum erstenmal Ruhe, Harmonie und Frieden. Er sucht nicht mehr (Schütze) und er leidet nicht mehr (Skorpion). Er ist angekommen.

Wir fragen uns natürlich, was daran so schwer ist, geschweige denn meisterlich. Eigentlich klingt das alles recht einfach. Widder ist *kardinales* Feuer!

Zum Dauerton Feuer „verurteilt" muß der Widder ständig etwas Lebendiges erzeugen. Dabei ist es weder seine Aufgabe, ein Ergebnis abzuwarten, noch sich Gedanken zu machen. Der Widder hat tatsächlich „nur" anzufangen. Er ist der Dynamo des Tierkreises, die Batterie des Lebens, die Initiative zu allem irdischen Tun. Ihrer bediente sich Gott, als er die Welt schuf. Ihrer bedienen wir uns bei jeder Tat. Es gibt keine andere Kraftquelle als den Widder.

Die Achse Widder – Waage versucht auf zweifache Weise etwas Wesentliches über diese Initialkraft auszusagen, im Tierkreiszeichen Widder direkt als augenblicklich wirkende Startenergie, im Tierkreiszeichen Waage in gespiegelter Form als ebenso augenblickliche Erkenntnis. Die Waage ist die herübergereichte, mit unserem Verstand zu erfassende Botschaft dieser Anfangskraft. Die Waage birgt das Geheimnis des schöpferischen Geistes selbst.

Wie sieht dieses Geheimnis aus? Es ist so unfaßbar und einfach, daß wir es nicht glauben können und oft auch nicht wollen.

Der Geist ist Harmonie.

Harmonie ist die Kehrseite jedes Lebendigen.

Gott schuf *nur* Initiative zum Frieden, aber er schuf sie kardinal. Und das heißt aktiv.

Seit der Tierkreis gedeutet wird, steht die Waage für Harmonie und Schönheit, für Takt und Tanz, für Ruhe und Stil. Sie steht für alle erkennbaren, geordneten, stillen oder bewegten Strukturen, die uns ein ästhetisches Erlebnis vermitteln. Niemand hat die Waage dazu gezwungen und doch hat sie niemals etwas anderes ausgedrückt.

Egal ob der Widder gerade mit dem Abschlachten von Feinden beschäftigt war, dem Wild hinterherjagte, ein Duell anzettelte, eine Frau entführte, einen Wettkampf bestand, eine Horde anführte, fremde Kulturen eroberte, einen Rekord brach, seinen König befreite, einen Aufstand initiierte – egal ob der Widder eine schändliche oder eine heldenhafte Tat beging, die Waage hat immer dieselbe Botschaft ausgedrückt.

Unser von Anfang zu Anfang hetzender Zeitgenosse, den wir uns alle nur zu gut vorstellen können, ist also ein Friedensbote? Irgend etwas müssen wir falsch verstanden haben, als wir die Initiative ergriffen. Völlig fertig vom ewigen Anfangen sind wir eher dem zweiten Herzinfarkt nahe als dem Frieden. Und Ruhe und Harmonie gehören schon längst nicht mehr zu unserem Leben, so bedauerlich wir das auch finden.

Feuer hat keine Erinnerung und keine Entwicklung in der Zeit. Deshalb kann man sich zur Initiative* nicht hinentwickeln. Man kann den Umgang mit dem schöpferischen Geist nicht portionsweise lernen, sondern nur in jedem Augenblick erneut versuchen. Im Schützen rannten wir dem Lebendigen, was immer das war, hinterher. Wir brauchten nicht zu wissen, was Feuer ist, denn es hatte ja ständig Einfluß auf uns. Im besten Fall fanden wir den Sinn unseres Lebens und der Welt, im schlimmsten Fall Sinnlosigkeit und Leere. Das deprimierte uns, tötete uns vielleicht, aber es interessierte andere Menschen kaum.

Im Löwen banden wir uns an das Feuer und das Feuer band sich an uns. Wir durften etwas wissen, aber wir mußten es nicht, denn wir erfuhren das Feuer direkt. Im besten Fall wurden wir schöpferisch und selbständig, im schlimmsten Fall anmaßend und herrisch. Das erniedrigte zwar andere und tötete viele, aber es zerstörte noch nicht die Welt, denn wir brauchten diese zur Bewunderung.

* *Feuer* kann entsprechend seiner kardinalen Bedeutung im Widder vielfach ausgedrückt werden: Feuer, schöpferischer Geist, Lebensfunke, das Lebendige, Energie, Initiative, Anfang, Impuls, Kraft, Mut. Dabei ist stets die energetische Ursache gemeint, die notwendig ist, etwas zu bewirken. Feuer ist deshalb unsichtbar. Es sind nie die geschaffenen Dinge oder Umstände gemeint, sondern die sie erzeugende Kraft.

Im Widder haben wir das Feuer selbst auszudrücken. Die gesamte Urkraft alles Lebendigen ist in unsere Hand gelegt, um Wirkung zu zeigen. Die kardinalen Achsen sind Verursacherachsen. Jetzt dürfen wir nicht nur wirken, jetzt müssen wir es.

Also rennen wir wie ein durchgegangenes Pferd los und schlagen alles kurz und klein, aber die Kraft wird nicht geringer. Sie verbraucht sich überhaupt nicht. Wir suchen verzweifelt nach konstruktiven Möglichkeiten, finden einige, aber die Kraft will weiter durch uns wirken. Wir sind in größter Gefahr alles zu vernichten, die gesamte Welt auszurotten, wenn uns nicht irgendeine lebenserhaltende Kanalisation „einfällt".

Natürlich ist dem Menschen eine Lösung eingefallen. Er ist sozusagen augenblicklich in sie hineingefallen.

Als sich unser ältester Vorfahre ein paar Mal kräftestrotzend vorbeibenommen hatte, passierte nämlich etwas Prägendes. Ein weibliches Wesen seiner Gattung lenkte seine Aufmerksamkeit auf sich und musterte ihn merkbar. Jeder kleinste Ausdruck ihrer Person war einwandfrei eine Information für ihn, hatte direkt mit ihm zu tun. Daran gab es keinen Zweifel. Und es gab auch keinen Zweifel daran, daß sie ihn beurteilte, daß ihr Urteil irgendwie folgenreich für ihn war. Umso mehr reizte es ihn, zu erfahren, was sie über ihn dachte. Also veranstaltete er noch einige Kraftspiele, wenn auch etwas verhaltener, und näherte sich ihr. Sie aber blickte ihn nur an, sagte knapp und deutlich: „So nicht!" und ging fort.

Das war die erste Zähmung der Initiative und der Grundstein zur Kultur!

Kardinale Schöpferkraft wird durch kardinale Riten gebunden. Widder findet in Waage seine Antwort. Wir finden diese Wechselbeziehung bei allen lebenden Organisationen. Sie dient der Arterhaltung und der konstruktiven Auslebung der Urkraft. Dabei ist diese vorgedachte Kanalisation im Tierreich und bei den Naturvölkern noch streng ritualisiert und damit dem Menschen entzogen. Der zivilisierte Mensch hingegen hat Einfluß auf das Ritual. Er kann es entsprechend seiner Individualität verändern und mit Bräuchen und modischen Umgangsformen anreichern. Er kann das Ritual sogar völlig mißachten, aber nicht abschaffen. Er kann es lediglich in seiner historischen Form ignorieren. Dann sucht sich die Initiative eine andere kulturelle Kanalisation.

Immer spiegelt der Umgang mit der Initiative das Verhalten der Menschen, und das Verhalten der Menschen spiegelt den Umgang mit der Initiative.

Kultur ist die lebenserhaltende Kanalisation des schöpferischen Geistes für den hochzivilisierten Menschen. Ihr Mittelpunkt ist die Beziehung zwischen Mann und Frau.

Da der Mann archetypisch eine Geistinkarnation ist, ist es folgerichtig, daß er zuerst die Initiative ergriff und es der Frau zufiel, „ihn zu kanalisieren". So setzte sie seiner kardinalen Urkraft ihr ebenso kardinales Verführungsritual gegenüber. Sie band seine Kraft mit ihrer Schönheit. Je schöner sie war, desto stärker mußte er sein. Beide spiegelten sich vollkommen ineinander und zähmten sich gegenseitig – zumindest hätte es so sein müssen, um die Initiative vor dem Entgleiten in die Destruktivität zu bewahren. Aber es war nur im Idealfall so. Die Realität sah anders aus und sieht noch anders aus:

Die Frau bindet nicht nur Kraft, sie entfesselt sie auch. Als *kardinale* Spiegelung war und ist es ihr jederzeit möglich, umgekehrt den Mann zur Initiative zu verführen und diese dann nach ihren eigenen verborgenen Wünschen zu lenken.

Dem Mann war und ist es seinerseits möglich, das Spiel mit dem Feuer jederzeit nach seinen Vorstellungen abzuändern, denn er beherrscht die Achse Widder – Waage.

So läßt der Mann die Frau gewähren, wenn er will, wenn sie ihm nützlich ist, oder wenn er einfach zu dumm ist, das Spiel zu durchschauen. Durchschaut er es aber, liegt die Initiative einzig bei ihm.

Die Frau, die etwas bewirken will, muß sich der Initiative eines Mannes bedienen, sich also seine Gunst durch Gefallen sichern.

Der Mann, der etwas gelten will, muß sich der Zuneigung einer schönen Frau erfreuen, sich also ihre Gunst durch Tatkraft sichern.

Die Meisterachse des schöpferischen Geistes erweist sich als teuflische Gratwanderung zwischen Macht und Ohnmacht, Gnade und Ungnade, Sieg und Niederlage. Dem destruktiven Entgleiten des Feuers ist Tür und Tor geöffnet. Das Schicksal der Welt ist vom Charakter der Menschen abhängig!

Was das Ritual noch leistete, kann eine äußere Kultur auf

Dauer nicht ersetzen. Während sie selber zur Kultiviertheit verkommt und dem Menschen mit immer gestelzteren Gesellschaftsformen einen höflichen Umgang aufzwängen will, entgleitet ihr die Initiative, die sie zähmen wollte, und entfesselt sich kraftvoller und bedrohlicher als zuvor.

Wir kennen das alle. Je stärker wir uns in ein kultiviertes Korsett zwängen, desto gereizter wird unsere Laune. Je angepaßter wir leben, desto aggressiver werden wir. Je länger wir diesen aufgepfropften Zustand durchhalten, desto explosiver wird unsere Lebensenergie, bis endlich der geringste Anlaß zu ihrer Entladung führt.

Feuer läßt sich nicht domestizieren.

Eine konstruktive Kanalisation der Initialkraft ist niemals von außen möglich, sondern nur von innen.

Die Meisterachse des schöpferischen Geistes will uns etwas ganz anderes sagen. Wir haben es bereits in Worte gefaßt, aber noch nicht verstanden.

Der kardinale Geist ist identisch mit kardinaler Harmonie.

Die gefürchtete Initialkraft ist gleichzeitig und augenblicklich „in der Waage“. Dieser Zustand ist aber kardinal. Er muß deshalb aktiv bewirkt werden. Er ist weder passiv gegeben noch ergibt er sich von alleine.

Gott schuf die Initiative kardinal und versteckte ihr Geheimnis in der Materie. So ruht das Meisterwissen vom Geist in jedem kleinsten Teilchen, das uns umgibt, und aus dem wir selber gemacht sind.

Das Meisterwissen ruht im *Atom*.

Das Atom ist ein Abbild der gemeisterten Initiative.

Es zeigt uns durch seinen Aufbau*, wie Urkräften durch innere Konzentrierung die Waage gehalten werden kann. Es lehrt uns anschaulich, wie äußere Ruhe durch innere Ausrichtung erzeugt wird.

Ein Meister des schöpferischen Geistes hat dieses Wissen für sich umgesetzt. Er kanalisiert seine Kräfte in sich selbst.

* Im Atom konzentriert sich fast die gesamte Energie (Masse) im sogenannten Atomkern. Dabei hält dieser winzige Kern der ca. 100000mal so großen Atomhülle mit ihren tanzenden und schwirrenden Elektronen die Waage, so daß uns die Materie ruhig erscheint.

Ruhe ist Energie und sein Frieden ist lebendig. Er veräußert keine Energien und induziert deshalb keine Aggressionen. Das Feld, das er um sich schafft, ist frei von zwanghaften Forderungen an andere und frei von zwanghaften Wirkungen auf andere, denn er fordert nur von sich selbst und wirkt nur auf sich selbst. Das Feld, das er um sich schafft, dient anderen Menschen zur Orientierung und zur Ausrichtung.

Jeder große Meister hat diesen Zustand erreicht. Er richtet die Kardinalität seiner Energie auf sich selbst. Damit *hat* er die Initiative nicht mehr. Er *ist* initiativ geworden und kann deshalb andere initiieren.

Die Meisterung des schöpferischen Geistes ist die Krönung im Lernplan Leben. Sie ist erst möglich, wenn sowohl das bewegliche als auch das feste Kreuz erlernt wurden. Sonst kippt die Meisterung um in den Zwangsakt. *Jedes* Abhängigsein von Aggressionen, egal ob außen oder innen, ist ein Zeichen einer nicht gemeisterten Initiative. Dabei beginnt der Erkenntnisweg nicht im voreiligen, anmaßenden Imitieren eines Meisters, sondern im Erkennen und Zurücknehmen der eigenen Anpassungen. Dabei wird man sich wundern, wie viele Anpassungen unbewußt aus Angst, aus Feigheit, aus Faulheit oder sogar aus Gewohnheit gelebt werden. Ihr Zurücknehmen erzeugt augenblicklich freie Aggressionen, die jetzt keine Kanalisationen mehr haben, aber neu gespiegelt werden sollen. Dieser Moment ist äußerst unbequem, denn er drängt zum alten Zustand zurück, egal wie destruktiv dieser für uns war. Viele glauben jetzt, man müsse nur genügend Willen aufwenden, um seine Aggressionen „umzukanalisieren". Sie arbeiten wie ein Leistungssportler daran und verkrampfen nur immer mehr, denn sie unterliegen einem Trugschluß, genauer gesagt einem polaren Kurzschluß. Aggression ist Feuer, aber Wille ist ebenfalls Feuer. Sie kämpfen mit Feuer gegen Feuer! Das Ergebnis ist eine noch größere Entfachung.

Feuer wird durch Luft gespiegelt.

Widder wird durch Waage kardinal gehalten.

Solange man seine Aggressionen nicht vom erkennenden Verstand her durchschaut, sind sie niemals umzuleiten. Dann aber ist diese „Umleitung" augenblicklich und *ohne* Kraft sofort in jede beliebige Richtung möglich.

Der kardinale Vorgang ist dabei das Erkennen, nicht das Verändern.

Solarzielzyklus werden wir in Jahren mit einem Widderziel in engste Berührung gebracht mit unserem Feuer. Die Initiative will ausprobiert werden, und zwar von uns selbst. Am Ende des Jahres hat man Abenteuer und Risiko in sein Leben gebracht und sicherlich einige Menschen verstört. Man hat sich gestritten und seine Anpassungen in Frage gestellt. Beobachten Sie einmal, woran sich Ihre Wut oder Ohnmacht, Ihre Aggression oder Depression festmachen will. Das alles sind Hinweise auf den Zustand Ihres Feuers und auf das, was in Ihnen selbst nicht in der Waage ist und damit einem echten Initiativsein im Wege steht.

In Jahren mit einem Waageziel erlebt man die Thematik Widder – Waage von der anderen Seite. Man wird immer stärker in die Anpassung hineingedrängt, bis die verborgene Wut so groß ist, daß der Verstand nach einer Lösung schreit. Leider umgeht man diese unbequeme Erkenntnis nur zu oft und deckt sie mit immer künstlicheren Harmonien zu, bis das Feuer wirklich erlischt.

In Jahren mit einem Waageziel erfährt man, wo man tatsächlich in seinem Leben angekommen ist, in Jahren mit einem Widderziel, wie weit man von dem entfernt ist, wo man ursprünglich ankommen wollte. Dabei ist die Wut oder die Unruhe ein direkter Gradmesser für den Unterschied beider Zustände.

Polare Entsprechungen:

Widder ♈	Waage ♎
anfangen	ankommen
Tat	Lohn (kulturell)
Kraft	Schönheit
Energie	Tanz
Aggression	Anpassung/Erkenntnis
Initiative	Kanalisation

initiatives Geistwesen
Initiation

Zum Abschluß möchte ich noch auf zwei wichtige Themen hinweisen, die direkt mit der Achse Widder – Waage und dem kardinalen Kreuz in Beziehung stehen, die wir jetzt aus einer ganzheitlicheren Sicht betrachten können. Es handelt sich um die Kardinalprobleme Krieg und Frieden, Mann und Frau. Dabei spielt unser Wissen um Atomphysik und deren Anwendung in der Kernenergie eine *initiative* Rolle.

Die traditionelle Astrologie assoziiert Widder mit Aggressivität, letztlich mit Krieg, und Waage mit Frieden, beziehungsweise Friedensverträgen.

Dabei wird stillschweigend angenommen, der Widder zerstöre die Welt. Er sei der Tod, also auch der Tod des Menschen, der Umwelt, eben alles Lebendigen. Dabei wird ebenso stillschweigend angenommen, die Waage erhalte die Welt, sei blindes Opfer des Widders und an der Zerstörung nicht beteiligt. Diese Sicht, die einer extremen Trennung der Pole Widder – Waage entspricht, führt zu dem Glauben, Frieden sei die Unschädlichmachung von Widder, was man am kultiviertesten mit Verträgen erreicht.

Der gefährliche Trugschluß liegt in der Annahme, der Widder töte und die Waage erhalte, so daß wir Menschen im Recht scheinen, wenn wir den Widder „diskriminieren". Auf der Achse Widder – Waage, die eine Achse des schöpferischen Geistes ist, kann gar kein Tod stattfinden. *Tod* gibt es tierkreisphilosophisch nur auf der Achse Stier – Skorpion als zyklisches Werden und Vergehen von beseelter Materie. Die nicht gemeisterte Initialkraft entlädt sich als entfesselte Gewaltkraft in die Materie. Sie tobt dort ihre Existenz aus, bis sie wieder zurückkehren darf als Initiative.

Wir nennen den entfesselten Zustand der Initiative Aggression*. Aggression richtet sich stets auf etwas Inkarniertes, das sie vernichten will, Initiative auf etwas noch nicht Inkarniertes, das sie erschaffen will.

* Depression ist die weibliche Form von Aggression. Solange Frauen die Initiative offen anerkannt noch nicht haben, richten sie ihre entfesselten Energien gegen ihre eigene Psyche.

Als Gott die Welt erschuf, übernahm er die Initiative. Wenn wir heute die Welt vernichten wollen, lassen wir unsere Aggressionen an ihr aus. Wir zeigen damit nur, daß wir die Initiative noch nicht gemeistert haben. Wir können sie aber nur meistern, wenn wir das Meisterwissen wiederfinden, das in der Materie versteckt liegt.

Die Geheimnisse des Lebens sind unlogisch, aber einfach. Sie gründen sich alle auf das Verständnis für Polaritäten, das unser bisheriges Denken in Gegensätzen ablösen wird. Der Zeitgeber dieser Veränderung ist – so paradox das klingt – die atomare Bedrohung. Die diskriminierte, in die Materie „ausgewanderte" Initiative schafft sich explosiv ihre Rückkehr. Sie befreit sich aus diesem Zustand durch massives Freiwerden von Aggression. Eine neue Kanalisation der Initiative ist möglich. Wie wir wissen, wird das nicht mit Willen erreicht, sondern nur mit Erkenntnis. Es hilft nichts, Frieden zu wollen, wenn man nicht zuvor friedlich ist. Dann aber braucht man Frieden nicht mehr zu wollen. Das Thema Krieg und Frieden reduziert sich auf die Meisterleistung des schöpferischen Geistes.

Frieden ist ein individuelles Problem.

Im umgekehrten Tierkreis findet der Mensch in der Waage Frieden vor sich selbst. Er erkennt, daß er sich immer nur selbst bedrohte. Erschlagen und erleuchtet von dieser naiven Einsicht findet er endlich Ruhe und Frieden.

Er ist angekommen.

Jede Initiation ist ein Vereinen von Getrenntem. Das kardinale Kreuz müssen beide Geschlechter gleichermaßen tragen. Dabei trägt die archetypische Frau die Seele durch die Jahrtausende, der archetypische Mann den schöpferischen Geist.

Die *Frau* ist der Auslöser der Achse Krebs – Steinbock.

Sie kann sich erinnern und sie kann sich entwickeln.

Der *Mann* ist der Auslöser der Achse Widder – Waage.

Er kann die Initiative ergreifen und er kann sich wiederholen. Bis zur Mitte unseres Jahrhunderts war diese Verteilung überall offensichtlich. Sie entsprach dem Bewußtsein der Menschen und spiegelte eine grundsätzlich wertfrei geschaffene Polarität von Seele und Geist.

Die Frau spiegelte die Initiative ihres Mannes im Geist ihres Salons. Der Mann spiegelte die Moral seiner Frau in seinem öffentlichen Ansehen. Die Frau ist auf den Mann angewiesen und der Mann auf die Frau. Nur zusammen drücken sie das kardinale Kreuz aus.

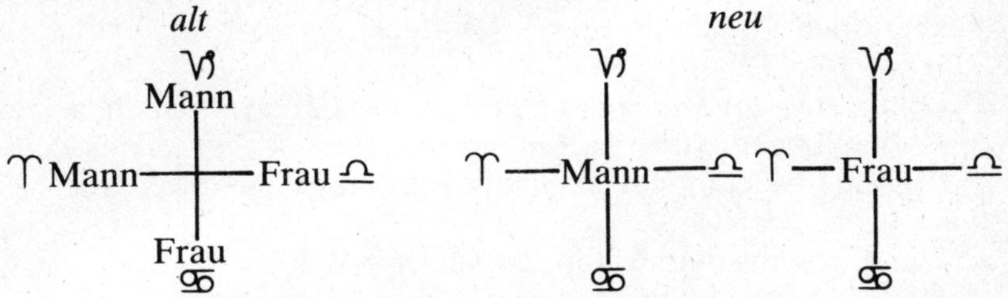

– getrennte Polarität	– vereinte Polarität
– nur zusammen ganz	– einzeln ganz
– feste Rollen	– freie Partner

Die archetypische Polarisierung von Geist und Seele in Mann und Frau wird dann unterlaufen, wenn Frauen Initiative übernehmen müssen und Männer leiden. Diese Situation ist mit den Weltkriegen entstanden, speziell mit dem Zweiten Weltkrieg, der das Ende des ritualisierten Zweikampfes bedeutete. Männer wurden zu seelischen Krüppeln, Frauen zu Ersatzmännern. Das Meisterkreuz war aus der Balance geworfen, der alte Zustand nie wieder möglich.

Der Mann war sich seiner Seele bewußt geworden. Er hatte eine Leidensgeschichte, die nur er selbst verarbeiten konnte. Die Frau war sich des schöpferischen Geistes bewußt geworden. Sie hatte die Initiative erlebt, die sie nicht wieder vergessen konnte.

Jede Rückkehr in gewohnte Strukturen mußte verlogen sein und gefährlich. Die Emanzipation, die man fälschlich die Emanzipation der Frau nennt, weil sie in dieser Bewegung die Initiative „übt“, ist die geistig-seelische Neuorientierung von Mann und Frau. Ihr Ziel ist eine neue Ausbalancierung des Meisterkreuzes. Beide Geschlechter werden jedes für sich das gesamte Kreuz alleine ausdrücken müssen. Es gibt keine andere Lösung. Der Weg zum autonomen Seele-Geist-Wesen, das einzig initiativ sein kann, ist vorgezeichnet. So gesehen, ist Emanzipation eine Voraussetzung für Frieden.

Der kardinale „Quanten"-Sprung zwischen Mann und Frau

1. Der *Mann* gibt der Frau die Initiative frei.
   Damit hat sie vollen Zugang zum schöpferischen Geist. Sie muß Feuer kardinal ausdrücken. Sie kann Kriege entfesseln, aber auch Frieden initiieren (Widder).

2. Dafür muß der Mann seine Polarität selber ausdrücken, seine Vorstellungen von Kultur und Schönheit. Er kann sein Schönheitsideal nicht mehr der Frau aufprägen (Waage).

3. Die *Frau* gibt dem Mann die Seele frei.
   Damit hat er vollen Zugang zu seinem Karma und der Seele der Welt. Er muß Wasser kardinal ausdrücken. Er kann sich erinnern und er leidet. Aber er kann sich auch entwickeln (Krebs).

4. Dafür muß die Frau ihre Polarität selber ausdrücken, ihren Anspruch an die Welt. Sie kann ihre dinglichen Wünsche nicht mehr vom Mann erstreben und verantworten lassen (Steinbock).

Das kardinale Lernen

Das kardinale Lernen ist das Lernen des Meisters, besser die Meisterprüfung oder die Initiation.

Seele und Geist haben zu zeigen, daß sie alleinverantwortlich (Steinbock) und friedlich (Waage) sein können. Ihr Geschenk dafür ist karmische Einsicht (Krebs) und initiatives Sein (Widder).

Die kardinale Lernkurve sieht natürlich genauso aus wie die bewegliche oder die feste und braucht nicht weiter erklärt zu werden.

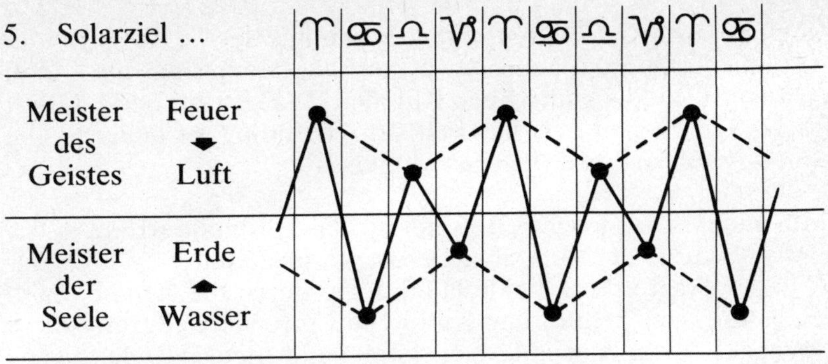

solare Lernkurve: jährliche Beobachtung und polare Entzopfung

Das kardinale Kreuz ist das Kreuz der Erkenntnis der Strukturen. Die Kraft des schöpferischen Geistes fließt in der Waage zur ihr zugrundeliegenden Ästhetik. Die Seele gerinnt im Steinbock zur ihr zugrundeliegenden Struktur.

Der Steinbock ist das Rückgrat der Seele. Die Waage der Tanz der Urgewalten, der Frieden bedeutet.

Die offenbarte Welt ist *aufrechter Tanz.*

Betrachten wir rückblickend noch einmal die drei Kreuze, die zusammen ein Weg sind.

Dann offenbart

das kardinale Kreuz den Schöpfer,
das feste Kreuz die Schöpfung und
das bewegliche Kreuz die Geschöpfe.

Lehrling, Geselle und Meister sind andere Bezeichnungen für Schicksal, Erkenntnis, Erleuchtung.

Ein historisches Paradebeispiel für das kardinale Kreuz findet man in der Lebensform der *Indianer,* ein Überbleibsel aus dem Widder-Zeitalter, das das letzte kardinale Zeitalter war.

Der Häuptling (Widder) hat das Recht zur Friedenspfeife (Waage) und damit die Friedensinitiative. Ihm gegenüber steht der Stamm (Krebs) als intakte Karmagruppe und der Rat der alten weisen Männer (Steinbock) als Gesetz.

Dem exoterischen Häuptling, der immer der Tapferste seines Stammes sein muß, steht der esoterische Häuptling, der Medizinmann (Widder) mit seinen Ritualen (Waage) zur Seite. Greift er ins Geschehen ein, hat sich der Häuptling zu beugen. Die Initiative ist auf zwei Ebenen vergeben*.

Ein anderes historisches Beispiel für das kardinale Kreuz ist der *Staat*. Hier ist der Sinn aber bereits verunstaltet:

Jeder Staat ersetzt beide Häuptlinge durch die Armee (Widder), die zum Schutz der Kultur und ihrer Erweiterung dient (Waage). Dem zugrunde liegt immer die Idee, daß die eigene Kultur die Kultur schlechthin sei und mit Recht (Waage) anderen aufgezwungen (Widder) werden darf.

Auf der anderen Seite steht das Volk (Krebs), das von einer Gruppe alter Männer (Senat = Treffpunkt der Senioren) und/oder einem Diktator/Tyrannen (Steinbock) geführt wird.

Ein ganz modernes Beispiel für das kardinale Kreuz ist die Friedenskette von Menschen.

Das Volk (Krebs) bildet einzelverantwortlich (Steinbock) eine Kette (Waage) von Initiative (Widder). Dabei stehen Mann und Frau und alle Altersstufen beieinander.

Der Bewußtseinssprung ist unübersehbar.

* Eventuell ein Hinweis für zwei Herrscher im Widder, nämlich Mars (Häuptling) und Pluto (Medizinmann).
Die Lebensform der Indianer ist authentisch für Karmagruppenbewußtsein, *nicht* aber für einzelverantwortliches Schicksal.

KAPITEL 4

Lernerlebnis und Lernergebnis

Der Lernzielzyklus und das Grundhoroskop

Die meisten Menschen verehren ihr Grundhoroskop nach dem Motto „mein Radix bin ich“.

Sie beziehen alles darauf und betrachten alles vom Radix her. Diese Sicht entspricht der Weltsicht des mittelalterlichen Menschen, der sich *nur* vorstellen konnte, auf einer Scheibe zu leben, weil er nicht weiter sehen konnte.

Wassermann-Astrologie heißt aber, über den Tellerrand zu sehen, aus seinem Körper herauszuspazieren, sich auf den nächstbesten Kirchtum, eine Wolke oder einen Stern zu setzen, wie der kleine Prinz, und das ganze Gefüge unserer Existenz einmal von einer anderen Sicht her zu betrachten, am besten über Kopf wie der Gehängte im Tarot.

Dann fragt man nicht mehr, was ein Saturn im Schützen bedeutet oder ein fünftes Haus in der Jungfrau. Dann fragt man sich, was das Ganze eigentlich soll.

Diese umgekehrte Sicht führt zu einem entspannten Abstand von sich selbst. Sie führt weg von der ichbezogenen Horoskopdeutung, die immer etwas vom Jüngsten Gericht an sich hat und aus den persönlichen Wertungen und Wirkungen nicht herauskommt.

Lassen Sie also Ihr Radix zuerst einmal völlig unberücksichtigt, und kehren Sie alles um.

Dann steht am Anfang das, was auch am Anfang war, nämlich die Initiative des Meisters. Der Meister zündet das Feuer an. Das Spiel kann beginnen. Das Spiel heißt Leben oder Tierkreis. Der Meister hat sein ganzes Können hineingelegt. Das Stück als solches ist ein Meisterstück, egal wie stümperhaft es später von den Nachwuchsmeistern, den Menschen, dargestellt wird.

Beginnen wir beim Original und nicht bei uns.

Lassen wir uns auf die Schönheit und Genialität des Tierkreises ein. Experimentieren wir unbelastet von unserer jetzigen Inkarnation als Meister der Ewigkeit mit den Elementen und dem Atemzug.

Wir hauchen den Elementen unseren Atem ein – und es entsteht der (umgekehrte) sinngebende Tierkreis. Wir haben ihn selber geschöpft. Wir haben ihn geatmet.

Durch unsere Initiative	(1)	
atmen	(3)	
die Elemente	(4)	den Tierkreis.
Die Seele	(12)	hat ein Zuhause vom
Geist	(1)	initiiert

Jeder Mensch kann das. Jeder Mensch ist schöpferisch, wenn er sich im Spiel verliert, wenn das Feuer des Spieles unmerklich sein ICH verbrennt und das SELBST entfacht.

Nach diesem initiativen Grunderlebnis ist in uns das Wissen vom ewigen Sein und vom Sinn neu geweckt. Es leuchtet wie ein olympisches Feuer von nun an auf dem Wege zu uns selbst. Es spendet Vertrauen und Zuversicht, denn wir wissen jetzt initiativ, daß wir selber in diesem Spiel weder verloren gehen können noch verlieren können.

Das Spiel des Lebens ist um uns herum gemacht. Nur für uns, von uns selber. Wir sind der einzige Grund. Wir sind die Hauptperson. So eingebettet treten wir auf.

Das große Licht wird zum kleinen Licht in der Laterne des Eremiten im Tarot. Entsprechend verblaßt unser Wissen vom Anfang und glimmt schließlich fast unsichtbar unter der Asche der Seele. Aber die Zuversicht ist noch da und das Vertrauen. Wir betreten das Rad des Schicksals.

Es dreht sich, bis wir in der jetzigen Inkarnation angekommen sind, entfremdet und verstört wie ein Bild, das tausendmal abgewischt und wieder neu seine scharfen Konturen verliert.

Wer jetzt noch vertraut – und es gibt immer noch einige, ist ein *Narr.*

Wir sind ernst geworden und interessieren uns für den Saturn im Schützen und das fünfte Haus in der Jungfrau. Wir zerren an den Überschmierungen und treten dabei die Glut unter der Asche der Seele immer kleiner.

Das Leben hat seine Lust verloren.

Wir drohen zu ersticken.

Wenn Sie sich in dieser Situation befinden, brauchen Sie nur umzukehren und Sie bekommen sofort wieder Luft und auch Lust. Probieren Sie das einmal astrologisch. Legen Sie das Radix beiseite, und besinnen Sie sich *nur* auf das Jahresziel.

Sie haben jetzt nur ein einziges Tierkreiszeichen im Kopf, mit dem Sie ein gesamtes Jahr durch Ihr Leben gehen, immer ausschauend nach irgend etwas, das so aussieht, wie Ihre Vorstellung von diesem Tierkreiszeichen.

Am Ende des Jahres, beziehungsweise drei Monate später, haben Sie wie ein Pilz- oder Beerensammler einige Ereignisse und Erlebnisse für passend befunden. Trotz einer verkrampften Überbetonung zu Beginn der umgekehrten Einsammlung hat das Jahr mehr Spaß gemacht als anders und die Glut unter der Asche der Seele fängt ein bißchen an zu glimmen. Das Tierkreiszeichen ist vom Kopf in den Bauch gerutscht. Wir nehmen das nächste Jahresziel in den Kopf und halten Ausschau nach etwas völlig anderem. Aber im darauffolgenden Jahr knüpfen wir wieder an das erste Jahr an. Bezüge werden sichtbar, erst verschwommen, dann immer klarer, die wir vorher niemals wahrgenommen haben.

Jahresbeobachtung

Die Beobachtung der Solarziele entfacht das Feuer neu. Langsam wird das schöpferische Wissen vom Anfang, das in jedem Menschen ruht, zur Initiative.

Es geht mit der parallel dazu auftretenden Neugierde, dem erkennenden Wissen, das immer von der jetzigen Situation ausgeht, eine kreative Verbindung ein.

Der „umgekehrte" Mensch zieht sich selbst in eine Entwicklung hinein. Er atmet sich zu sich selber hin. Dabei gibt es kein Falsch und kein Richtig, kein Werten und kein Überlegen.

Wie wir von Anfang an atmen können, können wir uns von Anfang an zu uns hinentwickeln.

Das muß man *nicht* lernen, wohl aber das Hinsehen, das uns das Leben selber lehrt, lassen wir ihm und uns nur genügend Zeit dafür.

Wenn ich zum Abschluß dieses Buches noch einige Beobachtungen beschreibe, dann tue ich das nicht, weil Sie es wissen müßten, sondern um Sie anzuregen.

Das Entdecken des Unsichtbaren hinter dem Sichtbaren ist ein aufregendes Abenteuer, das jeder möglichst individuell gestalten sollte, führt ihn doch einzig und allein *seine* Erinnerung und *sein* verborgendes Wissen und sonst gar nichts.

1. Als Beobachtungsanfänger hat man es besonders schwer.

Da kann folgendes Wissen den Einstieg erleichtern:
Jemand hat zum Beispiel am 15. Mai Geburtstag. Dann beginnen seine Solare immer am 15. Mai und enden am 14. Mai des nächsten Jahres*. Wir teilen jetzt die Solarjahre dieser Person in 12 Solarmonate und notieren uns das am besten in einem Kalender oder einer Jahresübersicht.

Beispiel: Geburtstag 15. Mai

vom	bis	Solarmonat
15. Mai	14. Juni	1.
15. Juni	14. Juli	2.
15. Juli	14. August	3.
15. August	14. September	4.
15. September	14. Oktober	5.
15. Oktober	14. November	6.
15. November	14. Dezember	7.
15. Dezember	14. Januar	8.
15. Januar	14. Februar	9.
15. Februar	14. März	10.
15. März	14. April	11.
15. April	14. Mai	12.

Diese Einteilung bleibt für das gesamte Leben gleich. Hat jemand am 2. Dezember Geburtstag, so beginnt sein erster Solarmonat eben am 2. Dezember und dauert bis zum 1. Januar usw. ...

* Diese Genauigkeit reicht uns hier völlig aus.

Anhand dieser Einteilung kann man Erlebnisschwerpunkte für viele Beobachtungen festlegen, unter anderem auch für die Solarziele. Dabei werden die Tierkreiszeichen immer gleich zugeordnet:

Widder	= 1	Waage	= 7
Stier	= 2	Skorpion	= 8
Zwillinge	= 3	Schütze	= 9
Krebs	= 4	Steinbock	= 10
Löwe	= 5	Wassermann	= 11
Jungfrau	= 6	Fische	= 12

Hat unsere Person zum Beispiel ein Löwesolarziel, dann fällt in dem betreffenden Solarjahr ein Erlebnisschwerpunkt in den 5. Solarmonat (5 = Löwe), also vom 15. September – 14. Oktober. Hat unsere Person ein Stiersolarziel, fällt ein Schwerpunkt in den 2. Solarmonat, also vom 15. Juni – 14. Juli usw. ...

Zusätzliche Schwerpunkte ergeben sich, wenn die laufende Jahressonne durch das Tierkreiszeichen des Solarzieles wandert.

2. Im Solarzielzyklus wechseln sich Lernjahre der Seele mit Lernjahren des schöpferischen Geistes ab. Alle zwei Jahre ergeben sich polare Solarziele, alle vier Jahre wiederholt sich dasselbe Solarziel, vorausgesetzt, die Lernphase wechselt nicht (siehe dazu im Abschnitt über das bewegliche Lernen).

Anstatt jedes Jahr isoliert das Tierkreiszeichen des Solarzieles zu beobachten und erst zwei Jahre später das dazu polare, kann man auch die gesamte Tierkreisachse in einem Jahr zu sehen versuchen.

Dieser Schritt ist der entscheidende in der Veränderung unserer Sichtweise. Gelingt einem der Zusammenfügungsprozeß, so ist das wie eine kleine Erleuchtung. Es ist ein intensives Glücksgefühl, ähnlich dem eines Kindes, das nach wochenlangem Üben von einzelnen Buchstaben M-E-I-N endlich MEIN verbunden sagen kann.

Im Kapitel über die Lernstoffe haben wir diese bereits als sechs Achsen kennengelernt.

Es gibt kein Tierkreiszeichen ohne sein polares. Sehen, fühlen, erfassen Sie irgendwo Stier, dann muß auch Skorpion vorhanden sein, auch wenn Sie im Moment meinen, wirklich nur Stier zu sehen. Stier kann sehr sichtbar sein, wie eine üppige Landschaft voll stillem, kraftvollem Wachstum. Skorpion kann sehr versteckt sein, wie ein aus dem Nest gefallener Vogel, der tot vor unseren Füßen liegt oder eine schwarze Krähe, die über unserem Kopf kreist. Oder umgekehrt.

Skorpion kann sehr sichtbar sein, wie ein Fußballfeld nach dem Spiel. Überall liegt Abfall. Der Rasen ist zertrampelt. Stier kann sehr versteckt sein, wie eine wilde Anemone am Spielfeldrand oder ein guter Geruch irgendwoher.

Kunst, Fotografie, Film, Literatur usw. sind, genauso wie die Natur selbst, Übungsplätze zum Erkennen von Polarem, aber auch Architektur*, Einrichtung, Kleidung – sogar das Aussehen.

Unsere gesamte Welt ist polar. Alles was wir erschaffen, ist ebenfalls polar.

Zum jährlichen Solarziel könnte man folgendes sagen:

Das Tierkreiszeichen des Solarzieles wird offenbar, das polare dazu steht irgendwie im Hintergrund. Sie müssen nur genau hinsehen, manchmal auch mit geschlossenen Augen, denn das Hinsehen meint alle Sinne.

Den Sinn der Welt (Polarität) erfassen wir mit den Sinnen.

Das polare Tierkreiszeichen schiebt sozusagen das Solarziel in die Sichtbarkeit.

Damit Stier sichtbar oder sinnlich erfaßbar wird, muß Skorpion geschehen.

Damit Wassermann sichtbar oder sinnlich erfaßbar wird, muß Löwe geschehen.

Damit Löwe sichtbar oder sinnlich erfaßbar wird, muß Wassermann geschehen usw.

Weiß man um diese Zusammenhänge, erkennt man sie irgendwann überall, und im Solarzielzyklus rücken Jahre mit polaren Zielen immer enger zusammen.

* Man kann inzwischen vermehrt eine Wassermann(-Löwe-)-Bauweise erkennen. Dabei werden Baumaterialien neu verknüpft und von der „vernünftigen" viereckigen Form befreit. Es werden Glasnasen auf Häuserfronten gesetzt. Das sieht utopisch aus (Wassermann) und läßt Licht (Löwe) einfallen.

Heimkehr

Als typischer Mensch des Wassermann-Zeitalters haben wir uns uranisch von unserem Grundhoroskop wegbewegt.

Wir haben unseren Horizont im wahrsten Sinne des Wortes erweitert, sitzen auf dem Kirchturm, der Wolke oder einem Stern und schwärmen vom Leben *ohne* uns.

Wir sind in Gefahr, Utopisten zu werden.

Wir müssen zu uns zurückkehren, in den Mief unserer Inkarnation und dort nach demselben im kleinen suchen, was wir vorher als großen Entwurf erlebt haben. Anderenfalls verlieren wir den Bezug zu unserem Mittelpunkt (unserer Sonne). Wir selbst werden für uns immer anziehungsloser. Schließlich enden wir als Satellit, eingefangen von einem fremden Zentrum.

Falls Sie das bedauerlich finden – das mit der Wolke, von der man wieder herabsteigen muß –, kann ich Ihnen versichern, daß es auf Wolken oder Sternen nur vorübergehend interessant ist. Die Langeweile kommt gleich danach.

Solange sich der Mensch auf der Erde inkarniert, ist sein größtes Glück eben irdisch.

Die Beobachtung der Solarziele ist eine Vorübung, um mit einer erweiterten Sicht zu seinem Grundhoroskop zurückzukehren.

Dabei kann man alles liegenlassen und jetzt zu seinen altbewährten Horoskopmethoden übergehen.

Man kann sich aber auch vom Solarzielzyklus heimführen lassen. Die Verknüpfung liegt auf der Hand.

Hat jemand ein Löwesolarziel und im Radix eine Sonne, einen Aszendenten, einen Mondknoten ... im Löwen, dann ist unsere Person darüber in die Solarzielbeobachtung eingebunden. Sie ist aber auch mit Planeten oder Achsen im polaren Gegenzeichen (Wassermann) eingebunden.

Der Solarzielzyklus betont jedes Jahr eine Achse unseres Grundhoroskops. Wir können nur aus der Sicht dieser Achse beobachten. Deshalb sind wir eingebunden. Deshalb führt das Herabsteigen von der Wolke tatsächlich zu uns zurück.

Dabei arbeitet der eine zuerst an seinem *inneren* Menschen. Ich meine damit die Mondknotenachse im Grundhoroskop. Der andere arbeitet zuerst an seinem *äußeren* Menschen. Ich meine damit die Entwicklungsachse im Grundhoroskop (IC – MC).

Ein Dritter erledigt beides zusammen, weiß aber selber nicht so genau, ob er gerade innen oder außen meißelt. Es ist ihm auch egal, führt ihn doch eine unwiderstehliche Energie zu sich selbst.

Ein Vierter genießt erst einmal sein neues irdisches Dasein und schiebt seinen inneren und äußeren Entwurf auf die lange Bank (Sonne). Ein Fünfter haut seinen irdischen Entwurf in einem Rundumschlag in die Welt. Ein Sechster beäugt vorsichtig ein paar äußere Probleme (Saturn). Ein Siebter verzieht sich in seine Kindheit (Mond). Ein Achter erzählt zuerst von seinen Erfahrungen und fragt andere danach (Merkur, Jupiter). Ein Neunter ...

Sie wundern sich, wovon ich spreche.

Ich spreche von den Verwirklichungskräften der Grundhoroskopdaten, also davon, ob jemand eine kardinale Sonne *und* eine kardinale Entwicklungsachse hat. Dann erfährt er nämlich in einer kardinalen Solarphase sowohl seine Sonne als auch seine Entwicklungsachse (IC-MC). Er entwickelt in dieser Zeit sein äußeres Lebensziel *und* seinen Willen, seine Lust am Leben (Sonne).

Da wir genau wissen, in welcher Abfolge der Solarzielzyklus welche Tierkreiszeichen unter Energie setzt, nämlich immer

... beweglich, fest, kardinal, beweglich, fest ...

und wir weiter wissen, wann das in unserem Leben sein wird, kann man feststellen, in welcher Kombination und Reihenfolge welche Grundhoroskopdaten (Planeten, Achsenkreuz, Mondknotenachse) von den solaren Lernphasen betroffen werden.

Hier ergibt sich ein großes Feld zum Herumexperimentieren, das ich Ihnen nur zu gerne überlasse.

Kategorisch und reduzierend wie ein Steinbock nun einmal ist, interessieren mich an einem Horoskop vor allem drei Dinge:

die Sonne	Wille, Zentrum
die Entwicklungsachse	äußerer Mensch
die Mondknotenachse	innerer Mensch

Ich habe beobachtet, daß Menschen in ihrem Leben irgendwie

on-line, also kosmisch verbunden, erscheinen, wenn sie alle drei oben aufgeführten Grundhoroskopdaten in einer solaren Lernphase erleben konnten. Dabei ist ein Mindestalter von 21 Jahren für die beiden ersten Angaben vorauszusetzen und ein Mindestalter von ca. 28 Jahren für die Mondknotenachse. Früher ist normalerweise keine bewußte Lernverarbeitung möglich.

Auch ohne Ihre Solarziele zu kennen, können Sie die Phasen schätzen. Jeder Mensch hat mit ca. 30 Jahren eine Lernphase von der Verwirklichungskraft seiner Entwicklungsachse. Man wird nicht nur mit 29 Jahren aufgrund des Saturnumlaufes astrologisch erwachsen, man wird auch zum zweiten Mal geboren.

Nehmen wir zum Abschluß zwei Beispiele:

1. Eine Jungfrau (bewegliche Sonne) mit einem Skorpionziel im Grundhoroskop (fest) und einer kardinalen Mondknotenachse.

Nach dem Solarzielgesetz hat diese Person mit ca. 30 Jahren eine feste Lernphase. Als junger Mensch hatte sie davor eine bewegliche Phase, als reiferer Mensch danach eine kardinale Phase.

Als junger Mensch „paßt" deshalb die Sonne zum Lernzielzyklus. Sie erhält Energie, darauf der äußere Mensch, darauf der innere Mensch.

Man kann sehr stark vermuten, daß unsere Person nach einem glückhaften, aber naiven Lebensstart (Sonne) erst sehr spät zum Gesamtkonzept ihres Lebens vordringt und vielleicht erst mit 40 Jahren in den Startlöchern ihres eigentlichen Lebens steht.

Tatsächlich lebte unsere Person als junger Mensch ein sonniges Berufsleben (Jungfrau), belastete sich dann mit einer rückgratabverlangenden Ehe (Skorpion) und fand zu seinem eigenen Erstaunen mit über 30 Jahren einen zähen, inneren Ehrgeiz in sich, den er an einer langwierigen Weiterbildung festmachte (aufsteigender Mondknoten im Steinbock).

2. Ein anderes Beispiel: Ein Wassermann (feste Sonne) mit einem Löweziel im Grundhoroskop (fest) und einer festen Mondknotenachse.

Der Lebensentwurf wird mit 30 bis 35 Jahren gelegt und ändert sich im wesentlichen über 20 Jahre nicht bis zur nächsten festen Lernphase.

Da der Solarzielzyklus ein Atemzug zu uns selbst ist, steht die jährliche Solarzielachse unter einer ganz besonderen entwicklungsschwangeren Energie, die sich ins Grundhoroskop fortsetzt.

Ich halte diese Energie für außerordentlich konstruktiv und wesentlich, verbindet sie doch von der Sonne herkommend das Zentrum in uns mit dem Zentrum außerhalb von uns gleich einer Nabelschnur von Mikrokosmos zu Makrokosmos.

NACHWORT

Der gesamte Entwurf zum Solarzielzyklus wartete genau vier Jahre auf seine Verwirklichung. Obwohl ich genügend Zeit hatte, brachte ich vorher keinen Satz zu Papier. Vier Jahre später, also unter demselben Solarziel ging alles sehr schnell.

Ich will nicht gerade behaupten, dieses Buch sei eine Sturzgeburt, aber kurz und heftig war sie allemal. Wie eine Mutter ihr Kind zwar gebärt, aber längst noch nicht versteht, muß ich Ihnen, liebe Leserin und ebenso verehrter Leser, die Illusion nehmen, ich hätte alles vollkommen verstanden und verarbeitet, was ich geschrieben habe, geschweige denn, ich könnte es auch leben, aber ich habe mir dadurch auch ein eigenes Ziel gesetzt.

Ich selber stehe zur Zeit am Ende einer festen Solarzielphase. Die Themen Selbstwert und Selbständigkeit berühren mich tatsächlich sehr stark. Der Abschnitt über das feste Lernen hat damit den aktuellsten Bezug zu mir.

Um so schwerer fiel mir zuerst der Teil über das kardinale Lernen. In Gedanken sah ich mich schon schreiben:

„Die Lernerfahrung des kardinalen Kreuzes reicht die Verfasserin aufgrund fehlender Reife in ungefähr zehn Jahren nach.“

Soweit sollte es nicht kommen. Mein Wassermann-Merkur stürzte sich auf das vermeintliche Neuland und verknüpfte Gedanken, die ich in ihrer Konsequenz vorher so noch nicht gedacht hatte, die mir aber jetzt einzig schlüssig schienen. Es ist mir wichtig, Ihnen das zu sagen, denn ich bin weder ein Meister noch eine Meisterin, wohl aber lebe ich in einer Bemühung um mich.

Dabei ist mir Astrologie immer wichtig gewesen und ist es noch. Die Beobachtung der Solarziele ist eine aufregende Angelegenheit. Durch keine andere Methode habe ich ein so *persönliches* Verhältnis zu den Tierkreiszeichen bekommen. Ich glaube, wenn ich behaupte, mich mit einigen Zeichen inzwischen zu duzen, dann stimmt das wortwörtlich.

In meinem bisherigen Leben faszinierten mich zwei Dinge besonders, die Atomphysik und die Astrologie. Dabei sah ich zwischen beiden Interessen eher einen Abgrund als eine Verbindung.

Seit der Arbeit an diesem Buch werde ich den Gedanken nicht los, daß wir Menschen ein ähnlich gefährliches Potential darstellen wie – in einem anderen Zusammenhang – die Zerstörungskraft der Kernspaltung. Ich meine das ganz real und nicht nur symbolisch.

Warum sollte die Materie ihre Energien zusammenhalten, wenn wir es nicht können? Leiden wir nicht alle darunter, uns nicht zentrieren zu können?

Wenn ich vor einer Gruppe stehe und Fragen beantworte, veräußert sich da nicht meine Energie sofort, wenn ich mich aus verletztem Stolz oder irgendeinem anderen Grund glaube verteidigen zu müssen? Verseuche ich nicht mit meinem energetischen „Fall-out" genauso meine Umgebung? Glauben wir uns nicht alle ständig verteidigen zu müssen? Sind wir nicht zu außenorientierten Dauermimosen geworden, die völlig entfesselt jede Bedrohung mit dem Krieg der Sterne ahnden?

Ja, sind wir nicht gerade deshalb so hochgereizt, weil wir unser Zentrum ständig verstrahlen?

Ruhende Materie muß uns ja geradezu neidisch machen. Vielleicht mußte der Mensch deshalb selbst die Materie entfesseln, damit er sich wieder in ihr spiegeln konnte.

Entspräche die atomare Bedrohung der nach außen entfesselten menschlichen Initiative, dann wäre ein in sich ruhender Mensch imstande, auch der Materie ihre Ruhe zu lassen.

Erstaunlicherweise finden es heute immer mehr Menschen wichtig zu meditieren, einfach so, mitten im Alltag, im Büro, in den Schulen ... ohne Guru, ohne den Anspruch des Besonderen. Vielleicht ist das die natürliche Antwort. Wir fühlen, daß wir uns wieder zentrieren müssen und wir merken, daß es uns gut tut und unserer Umgebung.

Für mich sind alle Themen ein Miteinander und auf einer tieferen Ebene verbunden. Da macht auch die Emanzipation der Frau keine Ausnahme. Diese einzigartige, über die ganze Welt verbreitete Bewegung, die „einfach nicht tot zu kriegen ist", ist eben viel mehr als nur der Anspruch eines irgendwie zu kurz gekommenen Geschlechts. Es ist eine Bewegung, die in ihrer Konsequenz zu einer totalen Neugestaltung des Menschenbildes führt. Dabei muß vielen Frauen gar nicht bewußt sein, wofür sie sich einsetzen. Vielleicht ist es sogar besser, wenn sie es nicht wissen. Denn am Ende steht nicht die Karrierefrau, die ihren Samsonite jetzt von einem Mann tragen läßt, auch nicht die Welt, die nun der Frau offen steht. Die Welt steht niemandem offen, weder der Frau noch dem Mann. Die Außenwelt ist verschlissen. Offen steht uns die Innenwelt. Und diese steht Mann und Frau gleichermaßen offen.

Am Ende steht die „androgyne Frau" dem „androgynen Mann" gegenüber. Beide sind seelisch und geistig bewußte Menschen, die keine rollenspezifische Abgrenzung mehr kennen.

Diese Entwicklung erfolgt aber nicht freiwillig, sondern unter dem Druck der atomaren Bedrohung. Niemals hat ein Problem Mann und Frau so gleichermaßen gelähmt und motiviert. Das Kernkraftproblem scheint mir irgendwie bereits geschlechtslos. Vielleicht ist es das erste „androgyne" Problem, das Frau und Mann zeigt, daß sie weder Konkurrenten noch gegenseitige Stellvertreter sind, sondern Partner, genauer gesagt Polaritäten.

Im kardinalen Kreuz habe ich diese Gedanken astrologisch auszudrücken versucht. Möge das Nachwort als Ergänzung dienen.

Reinbek, im Herbst 1987

ANLAGE:

Anläßlich dieses Buches hat sich die Firma ASTRODATA bereit erklärt, einen weiteren Rechenservice in ihr bestehendes Programm aufzunehmen.

Sie können für ca. 12 bis 20 Jahre eine fortlaufende Listung Ihrer Solarziele, bezogen auf einen Ort, erhalten.

Solaraszendent, Solardatum, Solar-Greenwich-Zeit werden zusätzlich angegeben.

Bei Interesse fordern Sie bitte Unterlagen an.

ASTRODATA
Lindenbachstraße 56
CH-8042 Zürich

Telelon: 01-3 63 60 60

Weitere Titel aus dem Urania Verlag

Der Schlüssel zum Horoskop Ernst-Günter Paris
Band 1. **Das Grundhoroskop,** Berechnung und Deutung
253 Seiten, DM 24,–, Best.-Nr. 01 001

Der Autor, ein bekannter Verfechter der klassischen Astrologie, stellt hier in einmaliger Art und Weise eine Einführung in die Astrologie für den gebildeten Laien vor. Hier werden nicht dogmatisch astrologische Grundregeln festgelegt, sondern aus einer lebendigen und geisteswissenschaftlichen Naturbeobachtung heraus erarbeitet. So wird der Lehrende Schritt für Schritt von ihm bekannten Lebenserfahrungen zu den Abstraktionen der astrologischen Symbolik geführt. Diese so erarbeiteten Grundkenntnisse werden dann am Horoskopbild. Wernher von Braun's auf ihre praktische Anwendbarkeit überprüft.

Der Schlüssel zur Prognose Ernst-Günter Paris
280 Seiten, DM 28,–, Best.-Nr. 01 002

Dieses Buch ist die folgerichtige Fortsetzung vom Band I „Der Schlüssel zum Horoskop", in dem der Leser mit der Technik der Berechnung und der Deutung eines Grundhoroskopes vertraut gemacht wurde. In diesem Band II geht es um die Ereignisberechnung und Ereignisdeutung. Auch auf dem Gebiet der Prognose gibt es eine verwirrende Anzahl von Methoden und Systemen, auf die in diesem Buch bewußt verzichtet wurde. Erprobtes und Bewährtes wird an den Leser weitergegeben. Er kann sich eine gute Grundlage schaffen, alle erforderlichen Berechnungen mühelos und schnell vorzunehmen. Es ist dieses kein Rezeptbuch, aus dem die Ereignisdeutungen einfach abgeschrieben werden können. Das Buch vermittelt die Technik der Deutung. Die Kunst der Deutung beginnt beim eigenschöpferischen Vorgang im Leser. Das Buch gibt hierzu Anstöße und Hinweise. So will der 2. Band verstanden sein. Keine weitschweifigen Erklärungen, dafür aphoristische Kürze, die die eigene Kombinationsgabe anregt und fördert. Das ist der Weg, den wir auch in diesem Buch gemeinsam gehen wollen.

Der Schlüssel zur Partnerschaftsastrologie Ernst-Günter Paris
256 Seiten, DM 28,–, Best.-Nr. 01 012

Vergleiche von Partnerhoroskopen geben Klarheit in der Beurteilung unserer Mitmenschen. Wir erkennen treffsicher ihre Vorzüge und ihre Fehler. Jeder Freund der Astrologie kann die Zusammenhänge menschlicher Bindungen mit tiefenpsychologischer Genauigkeit erfassen, sei es in Liebe und Ehe, sei es in Freundschaft oder Geschäftspartnerschaft. Das Buch vermittelt ganz neue Kenntnisse und Erkenntnisse, die zum besseren Verständnis unserer Umwelt beitragen.

Symbolische Direktionen Charles O. Carter
79 Seiten, DM 18,–, Best.-Nr. 01 003

Der Nachdruck dieses astrologischen Klassikers ermöglicht nun vielen astrologisch Arbeitenden das Studium einfacher, dabei erstaunlich genauer Direktionsmethoden nach den verschiedenen numerischen Schlüsseln. Durch die detaillierten Fallbeispiele zeigt der Autor, wie genau und zeitlich abgegrenzt sich die Ereignisse durch diese Direktionsmethoden festlegen lassen.
Aus dem Inhalt:
AR-System · Das Eingrad-System · Die Naronische Zeitgleichung · Das Zwölfer-System · Das Neuner-System · Das Siebener-System · Das Bruch-System · Erklärung der Direktionen · Die Parallelen · Vorhersagen über Ehe · Der Tod · Ein Beispiel von Direktionsberechnung · Die Frage der Genauigkeit.

Weitere Titel aus dem Urania Verlag

Lehrbuch der Altindischen Astrologie Varaha Mihira
199 Seiten mit Tabellen und zwei Farbtafeln im Anhang, DM 28,–, Best.-Nr. 01 004

Dieses Lehrbuch, genannt Brihat Jataka von Vahara Mihira, wird von Kennern als das vorzüglichste Werk und als die älteste Überlieferung dieser ehrwürdigen Wissenschaft angesehen. Es ist das „große Buch der Nativitätslehre" in 28 Kapiteln, umfaßt die Definition der astrologischen Ausdrücke und Elemente, Tier- und Pflanzenhoroskopie, die Natur des Geborenen gemäß der Empfängnis. Bestimmung der Lebenslänge, die den Menschen entsprechenden Yogas oder spirituellen Disziplinen, frühere und spätere Inkarnationsabfolgen und vieles Andere mehr. Dieser seit über 50 Jahren nicht mehr erhältliche Nachdruck wird ein unentbehrliches Studien- und Quellenwerk für jeden ernsthaft Arbeitenden in der astrologischen Lehre sein.

Das Horoskop der Menschheit Ernst-Günter Paris
240 Seiten, DM 29,80, Best.-Nr. 01 005

Unser Weg aus urfernen Zeiten in die Zukunft. Der bekannte Autor klassischer Astrologie schildert unfassend das Schicksal der Erde von Beginn der Bindung der Menschheit an diesen Planeten bis zu unserer Situation im gegenwärtigen Weltenmonat und den daraus resultierenden Zukunftsaussichten. Er rückt längst vergessene Erdteile wie Hyperborea, Lemurien und Atlantis wieder vor unser geistiges Auge. Er deutet aus kosmischer Sicht Sinn und Aufgabe der führenden Gestalten, die den Weg der Menschheit prägten. Seine Deutung des Horoskops der Erde öffnet uns tiefe Einblicke in vergangene Weltenjahre. Wer die Vergangenheiten kennt, begreift die Gegenwart und öffnet das Tor in die Zukunft.

Das große Jahr Hans Künkel
72 Seiten, DM 12,–, Best.-Nr. 01 006

Hier liegt das Werk eines bedeutenden Astrologen vor, der in den letzten Jahrzehnten zu Unrecht von der esoterischen Verlagswelt vernachlässigt wurde. In visionärer und dabei verblüffend einfacher, auf innerem Verstehen beruhender, Art und Weise wird der Schlüssel zum Großen Atem der Weltzeitalter, dem »Großen Jahr«, enthüllt. Vor allem seine inspirierte Betrachtung des kommenden Zeitalters des Wassermann, in dessen Aufbruch wir uns schon befinden, bestätigt seine Seherschaft.

Die Sonnenbahn Hans Künkel
220 Seiten, DM 28,–, Best.-Nr. 01 007

In diesem Werk stellt der große deutsche Klassiker der Astrologie die Lebensalter des Menschen aus esoterischer Sicht dar. Damit wird hier ein Einweihungsweg beschrieben, den der einzelne fähig ist, ja beauftragt ist, zu gehen, und mit Hilfe des Buches kann er für sich selbst entscheiden, wie weit ihm das bis jetzt gelungen ist. Die Zeitangaben darin sind nicht mißzuverstehen als tatsächliche Lebensalter; vor allem in der heutigen Zeit gibt es junge Leute, welche bereits in einer Jupiter- oder Saturnphase leben und ältere Generationen, die sich noch in der Merkur- oder Venusphase befinden. Hier findet der Leser die Anleitung zur Entwicklung seiner einzelnen Wesensglieder bis hin zum höheren Selbst.

Erkennen und Heilen von Pluto-Problemen Donna Cunningham
200 Seiten, DM 28,–, Best.-Nr. 01 019

Donna Cunninghams Interesse gilt nicht nur der Diagnose von Plutoproblemen, sondern sie weist auch Mittel und Wege zu deren Heilung – wie z. B. Affirmationen, Blütentherapie, Übungen zur Arbeit mit den Chakras – und zeigt, wie Plutotransite für Wachstum und Entwicklung genutzt werden können. Von besonderer Aktualität für den Astrologen und Ganzheitstherapeuten, sollte dieses Buch nicht nur einmal gelesen und dann zur Seite gelegt, sondern immer wieder zur Hand genommen werden, denn nur dadurch kann eine bewußte Aktivierung der Plutoaspekte stattfinden.

Planetenzyklen Betty Lundsted
Die Gezeiten des Lebens
200 Seiten, DM 28,–, Best.-Nr. 01 017

Dieses Buch zeigt, in welcher Weise Planetenzyklen auf den Prozeß der persönlichen Entwicklung Einfluß nehmen. Die zyklische Natur all unserer Erfahrungen wird mit der Astrologie deutlich – sie macht die Anzeichen für Krisen und Veränderungen im Leben sichtbar. Jeder Planet (jeder Aspekt unserer Persönlichkeit) hat seinen eigenen Zyklus, durchläuft alle Aspekte zu seiner Geburtsposition und kehrt schließlich dorthin zurück. Mit jedem Aspekt, bzw. Zyklus, wird eine neue Facette des Bewußtseins geschlossen, die dem Menschen zum Wachstum und in eine neue Phase des Lebensplanes drängt. Die zyklische Bewegung kann als Indikator für Zeiten des Streß und des Wachstums benutzt werden, sie hilft Astrologen bei der Beratung ihrer Klienten und hilft Studierenden, die persönliche Motivation bei Veränderungsprozessen zu verstehen.
Das Buch gibt einen Überblick auf die Zyklen der Selbstverwirklichung, Reifung, Transformation und Individualisation und zeigt, wie diese Prozesse durch die Planetenzyklen beeinflußt werden.
Dann behandelt es die Stadien der persönlichen Entwicklung mit besonderem Gewicht auf kritische Jahre in den Planetenzyklen. Man wird ermuntert, diese Krisen als Gelegenheiten zur Entwicklung und Transformation zu begreifen.
Schließlich werden Beispiel-Horoskope vorgestellt – als Hilfe für die Berücksichtigung der Zyklen in der astrologischen Beratung.

Transite Betty Lundsted
Die Gezeiten des Lebens
184 Seiten, DM 28,–, Best.-Nr. 01 018

Das Geburtshoroskop und dessen Deutung ist die eine Seite der Astrologie, nämlich die Struktur der Persönlichkeit, die immerwährend – ein Leben lang – Bestand hat, etwas ganz einzigartiges darstellt. Transite dagegen sind die Positionen aktueller und zukünftiger Planetenstände in bezug auf das Geburtshoroskop.
Betty Lundsted schrieb diese sehr innovative Betrachtung zur Nutzung der Transite für das persönliche Wachstum zur Ausschöpfung von Entwicklungsperioden und – was am wichtigsten ist – um jedem Einzelnen durch die periodisch wiederkehrenden Krisen des Lebens hindurchzuhelfen.
Das Außergewöhnliche an diesem System: Es funktioniert, ganz gleich ob man den Klienten kennt oder nicht. Mittels der Transite kann man Prognosen für Höhen und Tiefen, Entscheidungshilfen etc. für die Zukunft geben.
Wer seine Transite kennt, kann dem rechten Teil seiner Persönlichkeit zum richtigen Zeitpunkt zum Ausdruck verhelfen, sich im Rahmen seiner vorgegebenen Wesensmerkmale optimal zu entwickeln.

Weitere Titel aus dem Urania Verlag

REIHE KARMISCHE ASTROLOGIE

Martin Schulman

Karmische Astrologie Band I
Die Mondknoten und Reinkarnation
DM 21,–, Best.-Nr. 01 008

Nach den einleitenden Kapiteln über *Reinkarnation und Karma* und *Die Astrologie der Reinkarnation* gibt das Buch *Die Mondknoten und Reinkarnation* eine vollständige Beschreibung der Mondknoten in ihren Zeichen und Häusern; ferner ein Kapitel über die Aspekte der Mondknoten, Beispiel-Horoskope und einen Anhang mit den Mondknoten-Positionen von 1850 bis 2000.

Karmische Astrologie Band II
Rückläufigkeit und Reinkarnation
DM 28,–, Best.-Nr. 01 009

Hier stellt M. Schulman eine der radikalsten und höchst unorthodoxen Deutungen der rückläufigen Planeten vor, die jemals veröffentlicht wurden. Unabhängig von der traditionellen „Gut"- und „Böse"- Auslegung liefert er statt dessen ein System, das die drei vibrierenden Stimmungen erklärt, in denen diese Planeten zum Ausdruck gebracht werden können. Jeder Planet wird ausführlich in allen Zeichen und Häusern erklärt. Ferner untersucht er die esoterischen und karmischen Symbole, womit er schon in seinem Bestseller „Karmische Astrologie Band I: *Die Mondknoten und Reinkarnation*" begonnen hat.

Karmische Astrologie Band III
Freude und der Glückspunkt
DM 18,–, Best.-Nr. 01 010

Von allen arabischen Überlieferungen wird nur der Glückspunkt von allen Astrologen angewendet, aber niemand konnte bisher die Prinzipien erklären, die für seine erfolgreiche Erfüllung maßgeblich sind. Dieses Buch umfaßt die Stellungen des Glückspunktes in den zwölf Zeichen und Häusern, und Beispiel-Horoskope bekannter Persönlichkeiten. Überall beziehen sich die Gesetze des Karmas auf diesen überaus geheimnisvollen und vitalen Punkt im Horoskop.

Karmische Astrologie Band IV
Das Karma im Jetzt
DM 21,–, Best.-Nr. 01 011

Dieser letzte Band der Serie *Karmische Astrologie* beschreibt das Verschmelzen der Astrologie mit der Realität, so wie sie wirklich ist. Dies basiert auf der Erkenntnis, daß die Vergangenheit und die Zukunft nur existieren, weil ein Mensch denkt, während die Gegenwart unabhängig davon existiert, wie jemand denkt. M. Schulman behandelt die Planeten in ihren Zeichen und zeigt auf, wie die planetarischen Energien gehandhabt werden können, um ein Festhalten an der Vergangenheit oder unrealistische Erwartungen an die Zukunft zu vermeiden.